U0472163

面向21世纪高等院校会计类核心课程实验实训教材系列

企业财务会计综合实训

陈云娟　虞拱辰　主　编

王家华　陈赛珍

虞江帆　叶小丹　副主编

上海财经大学出版社

图书在版编目(CIP)数据

企业财务会计综合实训/陈云娟,虞拱辰主编. —上海:上海财经大学出版社,2018.4
(面向21世纪高等院校会计类核心课程实验实训教材系列)
ISBN 978-7-5642-2957-3/F•2957

Ⅰ.①企… Ⅱ.①陈…②虞… Ⅲ.①企业管理-财务会计-高等学校-教材 Ⅳ.①F275.2

中国版本图书馆CIP数据核字(2018)第030663号

□ 责任编辑　袁　敏
□ 封面设计　杨雪婷

QIYE CAIWU KUAIJI ZONGHE SHIXUN
企业财务会计综合实训

陈云娟　虞拱辰　主　编
王家华　陈赛珍　虞江帆　叶小丹　副主编

上海财经大学出版社出版发行
(上海市中山北一路369号　邮编200083)
网　　址:http://www.sufep.com
电子邮箱:webmaster@sufep.com
全国新华书店经销
上海同济印刷厂有限公司印刷
上海叶大印务发展有限公司装订
2018年4月第1版　2018年4月第1次印刷

787mm×1092mm　1/16　17.25印张　442千字
印数:0 001—4 000　定价:39.00元

面向 21 世纪高等院校会计类核心课程实验实训教材系列

编 委 会

主　任：陆竞红

副主任：陈云娟　毛卫东

委　员：陈云娟　陈赛珍　陈委委　毛卫东
　　　　陆竞红　汪　静　王　攀　王家华
　　　　王艳超　熊晓花　杨　洁　虞拱辰
　　　　叶小平

前　言

会计是一门实践性很强的学科,仅仅通过理论的学习是难以达到会计教学目的的,会计模拟实训是培养学生实践能力的重要方法之一,通过模拟实训不仅能使学生把理论知识融会贯通,还能提高综合运用能力,缩短理论与实践的差距。

本教材是根据财政部最新颁布的《企业会计准则》和《税法》编写的,选择了一家制造业企业作为模拟企业,以这家企业一个会计期间发生的典型业务为主线,在教学内容的设计上涵盖了基础会计、中级财务会计、成本会计、税务会计等专业课的重要内容,在实践教学的实施中高度模拟企业实际财务工作,既包含了原始凭证的审核、账簿的开设与登记、成本核算、结账与对账、主要会计报表编制,还包含了税务会计、纳税申报及缴纳等环节的模拟操作与训练。通过这些模拟训练,可以锻炼和提高学生的综合运用能力。为了方便教学,本教材还附有参考答案,参考答案中对经济业务做出了账务处理,对涉及的成本计算和纳税计算,也按现行《企业会计准则》和《税法》做出了详细解释。

本教材由浙江师范大学行知学院的陈云娟、虞拱辰、王家华、陈赛珍,以及金华中瑞税务师事务所有限责任公司的虞江帆和杭州财税会计学校的叶小丹共同编写,可供财经类全日制院校、职业学校的学生使用,也可供在职会计人员培训使用。本教材编写过程中参考了同领域的相关教材,得到了浙江师范大学校级重点建设教材经费支助,在此深表感谢!

由于作者水平所限,加之编写仓促,书中难免存在一些错误及不足之处,恳请读者批评指正。

编　者

2018 年 1 月

目 录

前言 / 1

第一章　操作程序和规范要求 / 1
　　一、操作程序 / 1
　　二、操作规范要求 / 1

第二章　模拟企业概况 / 6

第三章　模拟企业会计制度和核算方法 / 7
　　一、存货的核算 / 7
　　二、产品制造成本核算 / 7
　　三、固定资产核算 / 7
　　四、销售成本的核算 / 7
　　五、工资核算 / 7
　　六、长期股权投资核算 / 8
　　七、资产减值准备的核算 / 8
　　八、税金核算 / 8
　　九、其他有关费用 / 8
　　十、利润分配核算 / 8

第四章　模拟经济业务实训资料 / 9
　　一、账户余额和累计发生额 / 9
　　二、经济业务资料 / 13

第五章　模拟经济业务会计凭证资料 / 19
　　一、模拟企业 12 月份发生的经济业务 / 19
　　二、实训任务 / 259

第一章 操作程序和规范要求

一、操作程序

科目汇总表会计核算程序是企业常用的会计核算程序之一,为了能使同学们比较系统地掌握会计核算技能,该套模拟实训材料采用科目汇总表会计核算程序,其操作程序为:

1. 根据有关账户的月初余额,开设有关总账和明细账。
(1) 开设库存现金、银行存款日记账。
(2) 原材料、周转材料、库存商品等开设数量金额式明细账。
(3) 销售费用、财务费用等开设多栏式明细账。
(4) 生产成本、制造费用、管理费用、应交增值税明细账等开设专用明细账。
(5) 除上述账簿以外,其余账簿设置三栏式明细账。
(6) 所有科目均设总账。
2. 填制或审核原始凭证。

根据经济业务资料,审核原始凭证和原始凭证汇总表。处理经济业务时,必须将教材中的原始凭证剪下,附于记账凭证之后。在审核原始凭证时,对不符合要求的外来原始凭证,不予报账;属于自制原结凭证的,手续不齐全的应予以补办,然后报账。

3. 编制和审核记账凭证并登记日记账、明细账。

根据审核无误的原始凭证或原始凭证汇总表编制的记账凭证,记账凭证可用通用记账凭证或专用凭证。并对记账凭证进行认真审核,经审核无误后,根据记账凭证逐笔登记日记账、明细账。

4. 根据审核无误的记账凭证按每 10 天汇总一次,编制科目汇总表,然后根据科目汇总表登记总账。

5. 月终,根据会计制度的规定,调整应计收入、应计费用、收入分摊、成本分摊等账项,并据以编制记账凭证入账。

6. 结计所有账簿的本期发生额和期末余额,并进行试算平衡,在账证、账账、账实相符的基础上编制会计报表,审查各报表之间有对应关系的数字是否相互一致。

7. 根据有关账簿记录,按税法规定填制企业所得税年度纳税申报表及其附表。

8. 将会计凭证、账簿和会计报表整理好,加具封面,装订成册,归档保管。

9. 根据会计核算资料,编制纳税申报表等。

二、操作规范要求

(一) 操作前准备

1. 配备好实训教师,组织和指导实验操作全过程。
2. 实验用品和有关资料:
(1) 通用记账凭证 200 张;

(2) 银行存款日记账 3 张；
(3) 库存现金日记账 2 张；
(4) 三栏式明细账 50 张；
(5) 数量金额式明细账 15 张；
(6) 九栏式明细账 15 张；
(7) 生产成本明细账 4 张；
(8) 应交增值税明细账 4 张；
(9) 管理费用明细账 5 张；
(10) 制造费用明细账 2 张；
(11) 总分类账 50 张；
(12) 科目汇总表 4 张；
(13) 凭证封面、封底 3 套；
(14) 包角 4 个；
(15) 装订针、装订线若干。

3. 全套实验最好由一人独立完成，有利于全面掌握整个会计核算过程。

(二) 书写规范化

1. 必须使用蓝黑墨水，不能使用圆珠笔，红色墨水只能在划线结账、改错、冲销时使用。
2. 字体各自成形，大小均匀，排列整齐，字迹工整、清晰。

数字不能写满格，应贴格子的底线书写，每个数字一般约占格子高度的 1/2，要留出空隙，以备更正改错之用，也清晰美观，只有"7"、"9"两个数字可以超出底线一点，所占位置不能超过底线下格的 1/4。字体要自右上方斜向左下方书写，斜度一致，约为 60 度，并且同一相邻数字之间要空出半个小写数字的位置。

大写金额的前面，必须加填"人民币"三个字，后面紧接着写金额，不能有空隙。中文大写金额数字应用正楷或行书填写，如壹、贰、叁、肆、伍、陆、柒、捌、玖、拾、佰、仟、万、元、角、分、零等字样。

(三) 原始凭证的填制与审核

原始凭证是记账的依据，是会计核算最基础的原始资料，同时也是具有法律效力的书面证明文件，取得或填制原始凭证是会计核算工作的起点，如果原始凭证出现差错，必然会导致会计信息失真。本次操作对自制原始凭证有些需要根据业务说明进行填写，有些已经填制完毕，对外来原始凭证均已取得，对已经填制完毕的只需要对原始凭证的真实性、合法性、合理性、完整性、正确性和及时性进行审核，只有经过审核无误的原始凭证才能作为编制记账凭证和登记账簿的依据。在此对原始凭证的填制规范作简单介绍：

1. 内容要真实、完整

原始凭证必须如实反映各项经济业务的发生或完成情况，所有项目都必须填写齐全，以确保原始凭证所反映的经济业务真实可靠且符合实际。

2. 填制手续要完备

原始凭证必须有经办业务的部门和人员签名盖章，以明确经济责任。

3. 原始凭证不得随意涂改、刮擦、挖补

填写发生错误时应按规定方法进行更正，如果金额填写有误，则应由出具单位重开，不得在原始凭证上更正。

（四）记账凭证的填制与审核

记账凭证是会计人员根据审核无误的原始凭证或原始凭证汇总表，按照经济业务的内容加以归类，并据以确定会计分录而填制的、作为登记账簿依据的凭证。在记账前，应先根据原始凭证编制记账凭证，以确定会计分录，并将原始凭证附在相关记账凭证之后。记账凭证的填制，除了必须遵守上述原始凭证的填制要求外，还应做到以下几点：

1. 记账凭证必须根据审核无误的原始凭证或汇总原始凭证填制。记账凭证可以根据每一张原始凭证填制，也可以根据若干张同类原始凭证汇总填制，但不能把不同内容和类别的原始凭证汇总填制在同一份记账凭证上，以防止科目对应关系混淆不清。

2. 确定会计分录正确。必须按照会计准则的规定，结合经济业务的性质，正确地编制会计分录，不得任意改变会计科目的名称和核算内容，以保证核算资料的一致性和可比性。

3. 除结账和更正错误，记账凭证必须附有原始凭证并注明所附原始凭证的张数。如果根据同一张原始凭证填制两张记账凭证，则应在未附原始凭证的记账凭证上注明。

4. 各种记账凭证必须连续编号，以便查考。如果一项经济业务需要填制多张记账凭证，则可以采用分数编号法。

5. 记账凭证的日期应是会计人员受理事项的日期，年、月、日都应写全。记账凭证在填写后，应当及时复核与检查，填制、审核、记账、会计主管等都必须在记账凭证上签字盖章，以明确经济责任。

6. 记账凭证填制完经济业务事项后，如有空行，应当在金额栏自最后一笔金额数字下的空行处至合计数上的空行处划线注销。

7. 填制记账凭证时如果发生错误，应当重新填制。已经登记入账的记账凭证在当年内发现错误的，可以用规定的方法进行更正。

（五）科目汇总表的编制

本实验采用科目汇总表核算程序，本次实验按旬汇总，编制三张科目汇总表。将每旬的经济业务按相同会计科目归类，汇总每一会计科目的借方发生额和贷方发生额，并填写在科目汇总表相关栏目内。

（六）账簿登记

账簿登记是会计核算的重要环节，为了保证账簿记录真实、可靠、正确、完整，满足成本计算和编制会计报表的需要，会计人员在记账时，必须遵循登记账簿的基本要求。

1. 登记账簿的依据必须是审核无误的记账凭证。记账人员在登记账簿之前，还应对已经审核过的记账凭证进行再次复核，记账人员对认为有问题的记账凭证或所附原始凭证，应交主管会计人员进一步审核，由主管会计人员根据规定做出处理决定。记账人员不能擅自更改记账凭证，随意处置原始凭证，更不能依据有误的记账凭证登记账簿。

2. 登记账簿的时间要求，因账簿的类别不同和各企业的情况不同而有所差异。各种日记账和债权、债务明细账，应每天登记，随时结出余额，现金日记账还要每天与库存现金进行核对；实物资产如原材料、库存商品等明细账，发生经济业务时就应登记入账，并随时结出余额，以便随时掌握其动态情况；总账和其他明细账可根据实际情况确定登账期，但必须至少每月登账一次。

3. 登记账簿的依据和程序应根据账簿不同而有所不同。库存现金日记账由出纳人员根据现金收付有关的记账凭证，按时间先后顺序逐日逐笔进行登记，并逐日结出余额（本实验中也可逐笔结出余额）。银行存款日记账由出纳人员根据与银行存款有关的记账凭证，按时间先后顺序逐日逐笔进行登记,并每日结出存款余额(本实验中也可逐笔结出余额)。

不同类型经济业务明细分类账,可根据管理需要,依据记账凭证、原始凭证或原始凭证汇总表逐日或定期汇总登记。总账的登记在本实验中采用科目汇总表核算程序,因此本实验应根据科目汇总表登记总分类账。

4. 登记账簿要按顺序进行,不得隔页、跳行。如不慎出现隔页,应将空白账页用对角"×"号注销或注明"此页空白";如出现跳行,应用斜线注销或注明"此行空白";注销的空白账页或空行处应加盖记账人员鉴章,以示负责。切忌任意撕毁、抽换账页。订本式日记账或其他账簿严禁撕毁账页。

5. 账簿登记完毕后,要在记账凭证上做出"过账"的标记,可注明账簿页码或打勾,以免漏记或重登,也便于查阅、核对,并在记账凭证上签章。

6. 每一账页记录完毕,应在该账页最末一行加计发生额合计及余额,在该行"摘要"栏注明"转次页"或"过次页",并将这一金额记入下一页第一行有关金额栏内,在该行"摘要"栏注明"承前页",以保持账簿记录的连续性,便于对账和结账。

7. 在记账过程中发生账簿记录错误的,不得随意刮、擦、挖、补或用褪色药水更改字迹,而应根据错误的具体情况,按照规定的方法予以更正。

(七) 对账、结账

对账就是核对账目。为了保证账簿所提供的会计资料正确、真实、可靠,登完账后还应定期做好对账工作。本实验对账工作也包括账证核对和账账核对,但实际工作中还要进行账实的核对。总账和明细账的核对通常采用编制各明细账本期发生额与余额表,计算合计数与相应的总账核对,总分类账之间的核对通常采用编制"试算平衡表"来完成。

对账后期末还要进行结账,就是在一定时期内所发生的经济业务全部登记入账的基础上,结算出各种账簿的本期发生额和期末余额。结账要点如下:

1. 对不需要按月结计本期发生额的账户,每期最后一笔余额即为期末余额。期末结账时,只需要在最后一笔业务记录之下通栏划单红线,不需要再结计一次余额。

2. 对库存现金、银行存款日记账以及需要按月结计本期发生额的收入和费用等明细账,每期结账时,要在最后一笔经济业务记录下面通栏划单红线,结出本期发生额和余额,在摘要栏内注明"本月合计"字样,再在下面通栏划单红线。

3. 对需要结计本年累计发生额的某些明细账户,每月结账时,应在"本月合计"行下结出自年初起至本月末止的累计发生额,登记在月份发生额下面,在摘要栏内注明"本年累计"字样,并在下面通栏划单红线。12月末的"本年累计"就是全年累计发生额,全年累计发生额下通栏划双红线。

4. 总账账户平时只需结出月末余额。年终结账时,为了总括地反映全年各项资金运行情况的全貌,核对账目,要将所有总账账户结出全年发生额和年末余额,在摘要栏内注明"本年合计"字样,并在合计数下通栏划双红线。

5. 年度终了结账时有余额的账户,要将其余额结转至下年。即将该类账户的余额直接记入新账余额栏内,不需要编制记账凭证,也不必将余额再记入本年账户的借方或贷方。

(八) 会计报表的编制

根据各相关账簿的记录编制资产负债表和利润表(本实验暂不要求编制现金流量表和所有者权益变动表),编制时要按照会计准则的格式和要求,做到数字真实、计算准确、内容完整、说明清楚。

（九）企业所得税年度纳税申报表及其附表的编制

以企业会计核算为基础，以税法规定为标准进行纳税调整，从而确定年应纳税所得额。企业所得税年度纳税申报表及其附表根据《中华人民共和国企业所得税法》及其实施条例规定，以及依据企业会计制度、企业会计准则等核算的相关账簿记录填报，做到数字真实、计算准确、内容完整。

（十）会计资料装订

全部实验完成后，把会计凭证按序号整理好，分为三本装订，本实验采用的是顶齐法，即先将记账凭证及所附的原始凭证夹紧，加上封面，划分角线，然后装订线眼确定和缝制凭证，最后制作包角。

第二章　模拟企业概况

金华市五湖机械有限公司是一个制造业企业,全厂占地面积为4万平方米,注册资本金850万元,其中金华市东明股份有限公司占66%,汪华占34%。正式职工140余人,公司设有一个生产车间,主要从事生产甲产品和乙产品。企业设立部门有:行政办公室、专设销售机构、人力资源部、财务部和研发中心。其他相关资料如下:

(1) 企业地址:金华市长安里888号。

(2) 法定代表人:王平。

(3) 开户银行:工商银行金华长安里支行(基本户),银行账号:81451058675081002,银行预留印鉴如下图所示。

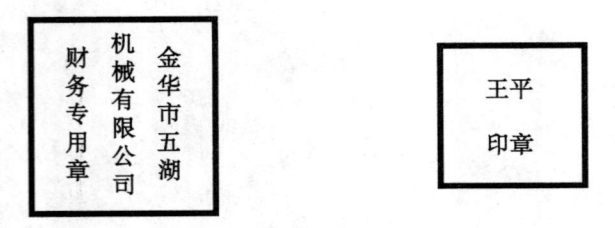

银行预留印鉴

(4) 税务登记号:913307101995141601。

(5) 所属行业明细码:3310。

(6) 印花税票:剪下印花贴于账簿首页,并画双线注销。

(7) 财务部人员分工:孙立为财务部长;刘浩负责出纳核算;李涛和吴江负责会计核算。

(8) 会计软件:用友财务软件。

第三章　模拟企业会计制度和核算方法

该公司执行新《企业会计准则》，具体会计政策和核算方法如下：

一、存货的核算

1. 原材料、周转材料收发均按实际成本法计价核算。材料的购入根据材料验收入库凭证，逐笔编制记账凭证。发出材料采用月末一次加权平均法计价，月末根据平时材料发出凭证汇总编制"发出材料汇总表"，并计算出期末加权平均单价（小数四舍五入，保留两位），再计算各项发出材料的实际成本（存货发出的数量×加权平均单价）并据此编制记账凭证，集中进行材料发出的核算。B材料为甲产品生产专用，A材料为乙产品生产专用，D、C材料为甲、乙产品生产共用。
2. 低值易耗品领用采用一次摊销法。
3. 库存商品收发采用实际成本核算。月末根据平时的产品"入库单"记录，汇总编制"库存商品入库汇总表"，并根据产品成本核算要求计算结转完工产品成本。
4. 存货明细账（材料、低值易耗品、库存商品）平时应根据存货的收发凭证，逐笔进行材料、低值易耗品、库存商品的收发存数量核算，不核算金额。

二、产品制造成本核算

1. 基本生产成本。产品成本核算采用品种法，按产品品种设置成本明细账；成本项目设"直接材料"、"直接人工"、"制造费用"三栏，外购生产用动力费用（生产产品耗用水、电）计入"制造费用"项目。
2. 制造费用。按基本生产车间设多栏式明细账，分配标准为生产工时。
3. 期末在产品成本按月通过实地盘点，在掌握在产品数量和加工程度的基础上，采用约当产量法计算。

三、固定资产核算

固定资产分为房屋及建筑物、机械设备、运输设备、办公设备四类，均采用平均年限法分类计算折旧。

四、销售成本的核算

产品销售成本采用月末一次加权平均法核算，月末根据平时商品销售出库的记录，汇总编制"主营业务成本计算表"，并结转产品销售成本。

五、工资核算

1. 公司正式员工140余人，其中王政、张芳为前年招入残疾人员工，每月工资固定。公司每月委托工商银行转账代发工资，职工以信用卡取款。
2. 企业按工资总额的40%部分和规定比例计算缴纳"五险"，职工个人按基本工资和规定的比例计算缴纳"三险"。

六、长期股权投资核算

被投资企业单位名称为金华建安有限公司,所得税税率为25%,投资额为30万元,占被投资企业注册资本的51%,采用成本法核算。

七、资产减值准备的核算

1. 坏账损失核算。设"坏账准备"账户,坏账准备计提金额计算采用余额百分比法,计提比例为10%。
2. 存货减值准备,设"存货跌价准备"账户,采用成本和可变现净值孰低方法核算。
3. 金融资产减值准备的核算。在资产负债表日对以公允价值计量且其变动计入当期损益的金融资产外的金融资产的账面价值进行检查,有客观证据表明该金融资产发生减值的,应当确认减值损失,计提减值准备。
4. 对固定资产、无形资产等非流动资产的核算。在资产负债表日应当对"固定资产"、"无形资产"、"长期股权投资"等资产进行减值测试,如果发现资产可收回金额低于其账面价值的,应计提相应的资产减值准备,并计入当期损益。非流动资产减值损失一经确认不得转回。
5. 产品质量保证费用全年计提一次,计提比例按销售收入的0.5%。

八、税金核算

公司为增值税一般纳税人,增值税税率为17%,城建税税率为7%,教育费附加税率为3%,地方教育费附加率为2%,按月缴纳;房产税税率为12%,城镇土地使用税税率为8元/平方米,按年缴纳;企业所得税税率为25%,按月预缴,年终汇算清缴。

九、其他有关费用

1. 公司工会经费,按应付工资总额2%计提。
2. 借款利息按月预提,按季支付,年终结清当年利息费用。
3. "五险"按如下比例计算缴纳:

缴纳项目	个人缴费比例	单位缴费比例
养老保险	8%	12%
医疗保险	2%	2%
失业保险	1%	1%
工伤保险		2.5%
生育保险		1%

十、利润分配核算

1. 按税后利润的10%提取法定盈余公积;按税后利润的5%提取任意盈余公积。
2. 按年末可供分配利润的60%向投资者分配利润。

第四章 模拟经济业务实训资料

一、账户余额和累计发生额

公司 11 月底的账户余额及 1~11 月相关账户发生额情况如下表所示：

账户余额表

××××年 11 月 30 日　　　　　　　　　　　　　　　　　　单位：元

编号	总账	明细账	借或贷	余额（总账）	余额（明细账）	备注
1001	库存现金		借	5 800	5 800	
1002	银行存款	基本账户	借	4 694 359	4 694 359	
1012	其他货币资金		借	106 500		
101201		存出投资款	借		250 000	
101202		信用卡存款	借		6 500	
1101	交易性金融资产	股票（成本）	借	500 000	500 000	紫光股份 50 000 股
1121	应收票据		借	563 000		
112101		山西万家公司	借		100 000	
112102		南宁大发公司	借		160 000	
112103		金华友谊公司	借		117 000	
112104		河北衡丰发电有限公司	借		186 000	
1122	应收账款		借	240 700		
112201		金华华大公司	借		150 000	
112202		香港万达公司	借		85 600	
112203		湖南长沙汽配公司	借		5 100	
1221	其他应收款	陈明	借	20 000	20 000	
1231	坏账准备		贷	26 070		
1402	在途物资		借	650 000		
140201		A 原材料	借		500 000	
140202		B 原材料	借		150 000	

续表

编号	总账	明细账	借或贷	余额 总账	余额 明细账	备注
1403	原材料		借	950 000		
140301		A原材料	借		350 000	80吨
140302		B原材料	借		280 000	75吨
140303		C原材料	借		220 000	70吨
140304		D原材料	借		100 000	60吨
1405	库存商品		借	781 821		
140501		甲产品	借		230 400	45台
140502		乙产品	借		551 421	64台
1411	周转材料	木箱	借	10 000		200只
1511	长期股权投资	金华建安有限公司	借	300 000		金华建安有限公司 150 000股
5001	生产成本	基本生产成本（详见附表）	借	600 000		
500101		甲产品	借		304 723	75台
500102		乙产品	借		295 277	55台
1601	固定资产		借	3 400 000		
160101		房屋建筑物	借		2 000 000	
160102		机器设备	借		860 000	
		其中：节能设备	借		160 000	5月份购入
160103		运输设备	借		480 000	
160104		办公设备	借		60 000	
1602	累计折旧		贷	1 435 440		年初余额1 261 000元
1255301	研发支出	费用化支出	借	182 000		
1701	无形资产	土地使用权	借	320 000		2 800平方米，按50年摊销
1702	累计摊销		贷	27 000		
2001	短期借款		贷	782 000		
200101		流动资金借款	贷		300 000	
200102		新产品研究专项借款	贷		482 000	

续表

编号	总账	明细账	借或贷	余额 总账	余额 明细账	备注
2002	长期借款	车间技改借款	贷	500 000		11月下旬借入
2203	应付账款		贷	783 000		
220301		金华飞龙集团	贷		317 000	
220302		上海天意贸易公司	贷		6 000	
220304		上海天马有限公司	贷		460 000	
2211	应付职工薪酬		贷	545 941.6		11月累计 4 540 000 元
221101		工资	贷		494 240	11月累计 4 149 908.59 元
221102		企业社保费	贷		40 701.26	11月累计 307 093.24 元
221103		工会经费	贷		11 000.34	11月累计 82 998.17 元
2221	应交税费		贷	227 495		
22211		未交增值税	贷		200 650	
22212		应交城建税	贷		14 045.5	
22213		应交所得税	贷			
22214		应交教育费附加	贷		6 019.5	
22215		应交地方教育费附加	贷		4 013	
22216		代交个人所得税	贷		2 767	
2231	应付利息		贷	15 200	15 200	其中 5 200 元为新产品研究专项借款利息
2241	其他应付款		贷	231 507		
22411		代扣个人社保费	贷		49 507	
22412		王平	贷		182 000	
2801	预计负债		贷	50 000		
4001	实收资本		贷	8 500 000		
40011		金华市东明公司	贷		5 610 000	
40012		汪华	贷		2 890 000	
4101	盈余公积		贷	150 000		
41011		法定盈余公积	贷		100 000	
41012		任意盈余公积	贷		50 000	
1194103	本年利润		贷	373 447		
4104	利润分配		借	172 920.6		上年亏损

账户累计发生额表

××××年1~11月　　　　　　　　　　　　　　　　　单位：元

编号	总账	明细账	借或贷	累计发生额（总账）	累计发生额（明细账）	备注
6001	主营业务收入		贷	19 402 140.80		
600101		甲产品	贷		11 148 572.6	
600102		乙产品	贷		8 253 568.2	
6051	其他业务收入		贷	100 000		材料销售
6111	投资收益		贷	91 455.2		交易性金融资产
6301	营业外收入		贷	20 000		非流动资产处置利得
6401	主营业务成本		借	16 576 995.72		
640101		甲产品	借		8 612 530.60	
640102		乙产品	借		7 964 465.12	
6403	税金及附加		借	496 000		
6402	其他业务成本		借	80 000		材料销售成本
6601	销售费用		借	608 000		
		薪酬			230 000	
		广告业务宣传费	借		360 000	上年度未抵扣完结转年广告费120 000元
		折旧费	借		5 500	
		办公费	借		12 500	
6602	管理费用		借	1 097 999.28		
		薪酬	借		702 120	
		职工福利费	借		12 388	
		资产折旧摊销费	借		48 600	
		办公费	借		82 000	
		保险费	借		35 000	
		差旅费	借		18 000	
		业务招待费	借		110 000	
		研发费用	借			
		工会经费	借		14 042.4	
		社保费	借		51 956.88	
		其他	借		23 892	
6603	财务费用		借	80 000		
		利息支出	借		70 000	

续表

编号	总账	明细账	借或贷	累计发生额 总账	累计发生额 明细账	备注
		手续费	借		6 000	
		其他	借		4 000	
6771	营业外支出		借	10 000		
		罚款	借		10 000	
6801	所得税费用		借	91 149		

附表1

生产成本——基本生产成本期初余额明细表

产品名称＼项目	直接材料	直接人工	制造费用	合计
甲产品	213 306.10	76 180.75	15 236.15	304 723
乙产品	206 693.90	73 819.25	14 763.85	295 277

二、经济业务资料

【12月1日】

1. 向银行申请取得6个月期限的借款500 000元,已存入银行。

【12月3日】

2. 将一张面值为186 000元的银行承兑汇票,向银行申请贴现,取得贴现款185 256元。

3. 向金华电子机械厂购入A材料,货税款合计1 053 000元,款项已支付,材料已验收入库。

【12月4日】

4. 收到恒丰实业有限责任公司支票一张,支付机器的租金70 200元。

5. 以电汇方式支付给厦门新星广告公司产品样本广告费24 754元及汇款手续费24.72元。

6. 通达网银转账支付给金华综合服务有限公司清洁费2 000元。

7. 开出转账支票一张,支付本公司职工张芳、李忆欣的培训费1 060元。

8. 出售A材料下脚料,取得含增值税收入4 000元,已存入银行。

【12月5日】

9. 向银行申请取得银行汇票一份,面值600 000元,另支付手续费21元。

10. 从江苏昆山商贸公司购入B材料130吨,金额500 000元,增值税85 000元,材料已验收入库,货税款以银行汇票予以结算,多余款项已退回;江苏长通运输有限公司的运输费1 110元尚未支付。

【12月8日】

11. 已确认为坏账的奉贤农业机械厂前欠货款,现收到交来的转账支票一张,面值28 080元,并已办妥进账手续。

12. 拨缴工会经费9 684.80元,通过网银转账。

【12月9日】

13. 购入办公用品1 000元,以现金支付,行政管理部门当即领用。

14. 委托银行支付前欠江苏长通运输有限公司运输费1 110元。

15. 向金华云民木箱厂购进木箱,价税款合计6 084元,通过网银转账支付,木箱已验收入库。

【12月11日】

16. 向武汉海宏有限责任公司销售乙产品50台,每台售价11 000元,增值税税率17%,货税款未收。

17. 通过金华证券营业部购入02国债(10)50 000份(每手1 000份),价款53 500元,佣金50元,公司将其划分为交易性金融资产。

18. 通过网银转账支付金华技术开发研究所新产品研发费100 000元。

【12月12日】

19. 开出现金支票一张,从银行提取现金3 000元备用。

20. 向武汉九头鸟公司销售乙产品10台,每台售价10 000元,增值税税率17%,收到该公司交来的商业承兑汇票一份,面值117 000元。

【12月15日】

21. X-63型设备已无法使用,申请报废,该设备原值25 000元,已提折旧23 000元,另外通过网银转账支付报废设备清理费用1 200元。

22. 以现金支付刻制公司印章费用65元。

23. 向税务部门申报缴纳增值税200 650元。

【12月16日】

24. 向税务部门申报缴纳城市维护建设税14 045.50元,教育费附加6 019.50元,地方教育费附加4 013元,印花税2 000元,企业社会保险费40 701.26元,个人社会保险费49 507元及代扣公司职工个人所得税2 767元。通过网银转账支付滞纳金61.28元。

25. 产品生产完工验收入库,其中甲产品100台、乙产品60台。

26. 行政部门闲置的海尔空调申请出售,该空调原值4 000元,已提折旧2 500元。

27. 向金华静安有限公司出售C材料1吨,价税合计4 000元,货款通过网银收存。

28. 由于仓库被盗,通过清查发现被盗的材料有:A材料7.5吨,C材料0.5吨,D材料0.5吨。通过批准予以转销,其中应由仓库保管员赔偿400元。

29. 通过证券公司出售本公司所持有的紫光股份6 000股,实际收到61 450.80元。

30. 经董事会决议向银行申请取得期限为9个月的借款200 000元,已存入银行。

31. 上月所购入的A材料115吨和B材料40吨,现验收入库。

32. 出售报废设备X-63型1 000千克,含增值税收入1 000元,货款通过网银收存银行。设备清理完毕,结转净损益。

【12月17日】

33. 开出现金支票一张,从银行提取现金8 000元备用。

34. 收到金华华大公司交来的转账支票一张,面值150 000元,当即将其背书转让给金华飞龙集团。

35. 向银行申请取得银行汇票一份,面值167 000元,另支付手续费5.85元。

36. 公司员工李明因公出差,向公司预借差旅费2 000元,通过网银转账支付。

37. 基本生产车间领用材料：A 材料 70 吨，B 材料 65 吨，C 材料 65 吨，D 材料 30 吨。
38. 公司员工马莉报销医药费 3 500 元，以现金支付。
39. 通过网银转账支付业务关联企业采购员的食宿费 2 500 元。

【12月18日】

40. 签发转账支票予以支付公司职工薪酬 497 136 元。
41. 向江苏泰和有限责任公司销售甲产品 80 台，每台售价 7 500 元，增值税税率 17%，收到该公司交来的银行汇票一份，面值 702 000 元，已办理进账手续。
42. 公司从证券市场购买大华股份的股票 10 000 股，金额 100 000 元，另外支付相关税费 905 元，公司将其划分为交易性金融资产。
43. 向江苏电子机械厂购入 D 材料 30 吨，单价 2 520 元，金额 75 600 元，增值税 12 852 元，材料已验收入库，货税款未付。
44. 开出现金支票一张，从银行提取现金 5 000 元备用。
45. 通过网银转账支付中国太平洋保险公司金华分公司财产保险费，价税合计 1 080 元。

【12月19日】

46. 以现金支付公司员工培训费 800 元。
47. 本公司前欠上海天意商贸公司的货款 6 000 元，由于该公司已经撤销而无法支付，经批准同意注销该笔货款。
48. 通过网银转账支付餐饮费 4 360 元。
49. 仓库发出 D 材料，其中：基本生产车间领用 20 吨，公司管理部门领用 1 吨，销售部门领用 1 吨，用于房屋维护。
50. 李明出差回来报销差旅费 3 544 元，通过网银转账支付补差旅费 1 544 元。
51. 以折扣销售方式向大中华物资经营公司销售乙产品 44 台，单价 11 000 元，增值税税率 17%，产品已发出，折扣比例 5%，货税款通过网银收存银行。
52. 向金华海德机械制造有限公司提供技术服务，款项 53 000 元通过网银收存银行。
53. 公司持有的南宁大发公司签发并承兑的商业汇票到期，收到票款 160 000 元。
54. 从金华三菱重工空调营业部购入空调 10 台，通过验收交付职工宿舍使用，货税款通过网银转账支付。
55. 以银行存款支付排污费 1 000 元。

【12月22日】

56. 以银行存款支付金华市电力公司 12 月份电费 14 273.5 元，税款 2 426.5 元。
57. 通过工商银行向金华市自来水公司支付 12 月水费 6 705.13 元，税款 737.56 元。
58. 通过工商银行向中国电信金华分公司支付 11 月份电信服务费 2 620.71 元，税款 230.78 元。
59. 根据合同向开户银行申请开立信用证，金额 420 453 元。

【12月23日】

60. 完工产品验收入库，其中甲产品 40 台、乙产品 40 台。
61. 销售甲产品（YD0001 型）2 台，单价 7 100 元，共计 14 200 元，增值税税率 17%。收到对方交来的银行本票一份，面值 16 614 元，已送存银行。
62. 委托银行支付前欠上海天马有限公司货款 460 000 元。
63. 用现金支付过桥过路费 850 元。

64. 向金华立信文化用品商店购买办公用品一批,当即由各部门领用,货税款3 500元通过网银转账支付。

65. 湖南长沙汽配公司前欠本公司货款5 100元,经确认无法收回,批准作为坏账处理。

66. 公司持有的一张面额为117 000元商业承兑汇票向中国工商银行申请贴现,收到贴现净额116 396元。

67. 公司向江西省时新商贸公司销售乙产品35台,单价10 500元,增值税税率17%,产品已发出,货税款429 975元通过网银转账收存银行。

68. 公司通过网银转账收到香港万达公司支付前欠货款85 600元。

【12月24日】

69. 向上海东方商贸有限公司销售甲产品78台,单价7 000元,增值税税率17%,产品已发出,货税款通过网银转账收存银行。

70. 支付第4季度流动资金贷款和技改贷款利息15 000元。

71. 以现金折扣方式向金华永信有限责任公司销售甲产品15台,每台售价7 400元,乙产品20台,每台售价10 500元,增值税税率17%,产品已发出。合同规定现金折扣条件:5/10,2/20,n/30。

72. 公司从国外进口小轿车一辆,完税价格420 453元,以信用证结算;缴纳关税105 113.25元,增值税98 182.71元,消费税51 979.08元,车辆购置税57 754.53元,汽车已验收交付使用,全部税款用银行存款支付。

73. 将现金5 000元送存银行。

74. 现金清查过程中发现盘盈现金90元,经上级批准作长款处理。

75. 公司归还原欠王平款项186 000元。

76. 向工商银行申请取得银行汇票一份,面值260 000元,另向银行支付手续费9.1元。

【12月25日】

77. 公司通过网银转账方式向金华市第二建筑公司预付工程款200 000元。

78. 公司开出转账支票向金华阳光广告有限公司支付广告费10 000元,税款600元。

79. 公司正常报废机器设备一台,原价24 000元,已提折旧18 400元。由于自然灾害损毁厂房其原值50 000元,已提折旧9 000元。

80. 正常报废机器设备出售取得含增值税收入200元。

81. 公司给困难员工发放职工困难补助500元,以现金支付。

82. 开出转账支票一张,面额为5 265元,用以支付报刊费。

【12月26日】

83. 公司向金华联丰建材经营部购买包装箱60只,单价85元,包装箱已验收入库,价税款以转账支票支付。

84. 公司购买水泥18吨,单价500元,增值税税率17%,货物已验收入库,货款以网银转账予以支付。

85. 根据投资协议向金华市东风机械厂投资500 000元,以转账支票予以支付。

【12月29日】

86. 发生办公楼维修费14 000元,款项尚未支付。

87. 支付第4季度新技术研究专项贷款利息7 800元。

88. 收到工商银行转来的存款利息收入265元。

【12月31日】

89. 计算应交房产税。
90. 计算应交城镇土地使用税。
91. 通过网银转账收到金华永信商贸有限公司转来货款，按合同规定享受了现金折扣。
92. 根据"外购水费分配表"分配水费。
93. 根据"外购电费分配表"分配电费。
94. 根据"固定资产折旧计算表"计提本期固定资产折旧。
95. 按规定使用年限用直线法摊销无形资产。
96. 根据"工资结算汇总表"编制"工资费用分配表"分配职工工资。
97. 计提分配12月份应缴社会保险费和工会经费。
98. 结转费用化研发支出。
99. 对紫光股份、大华股份和02国债(10)进行后续计量。
100. 根据"应收账款"、"其他应收款"科目的余额，按10%计提坏账准备。
101. 计提产品质量保证费用。
102. 结转发出材料、销售材料的成本。
103. 根据制造费用明细账编制"制造费用分配表"，分配结转制造费用。
104. 计算本期完工甲产品、乙产品的生产成本，并结转完工产品成本。
105. 结转本期已销售甲产品、乙产品的生产成本。
106. 向陕西省××中心小学捐赠甲产品5台。
107. 将"应交税费——应交增值税"账户的余额转入"应交税费——未交增值税"账户。
108. 计算本期应缴纳的城市维护建设税、教育费附加。
109. 计算12月份应缴纳的所得税费用。
110. 将损益类账户的余额转入"本年利润"账户。
111. 将本年实现的净利润转入"利润分配"科目，并根据利润分配计算表提取盈余公积金、向投资者分配利润，并结转未分配利润。

第五章　模拟经济业务会计凭证资料

一、模拟企业 12 月份发生的经济业务

1－1

（贷款）借款凭证（申请书代收据）①

单位编号：　　　　　　日期××××年12月1日　　　　　银行编号：

<table>
<tr><td rowspan="3">收款单位</td><td>全称</td><td>金华市五湖机械有限公司</td><td rowspan="3">借款单位</td><td>全称</td><td colspan="10">工商银行长安里支行</td></tr>
<tr><td>往来户账号</td><td>81451058675081000</td><td>放款户账号</td><td colspan="10">03261－050632581</td></tr>
<tr><td>开户银行</td><td>工商银行长安里支行</td><td>开户银行</td><td colspan="10">工商银行长安里支行</td></tr>
<tr><td colspan="2">借款期限
（最后还款日）</td><td colspan="2">6 个月
（××××年 6 月 1 日）</td><td colspan="2">借款计划指标</td><td colspan="9"></td></tr>
<tr><td colspan="2">借款申请金额</td><td colspan="2">人民币
（大写）伍拾万元整</td><td colspan="2" rowspan="2"></td><td>千</td><td>百</td><td>十</td><td>万</td><td>千</td><td>百</td><td>十</td><td>元</td><td>角</td><td>分</td></tr>
<tr><td colspan="2" rowspan="2">借款原因
及用途</td><td colspan="2" rowspan="2"></td><td>¥</td><td>5</td><td>0</td><td>0</td><td>0</td><td>0</td><td>0</td><td>0</td><td>0</td><td></td></tr>
<tr><td colspan="2">银行核定金额：</td><td>千</td><td>百</td><td>十</td><td>万</td><td>千</td><td>百</td><td>十</td><td>元</td><td>角</td><td>分</td></tr>
<tr><td></td><td></td><td></td><td></td><td colspan="2"></td><td>¥</td><td>5</td><td>0</td><td>0</td><td>0</td><td>0</td><td>0</td><td>0</td><td>0</td><td></td></tr>
<tr><td>期限</td><td>计划还款日期</td><td>√</td><td>计划还款日期</td><td colspan="12" rowspan="3">银行审批

负责人　　　信贷部门主管　　　信贷员</td></tr>
<tr><td></td><td></td><td></td><td></td></tr>
<tr><td></td><td></td><td></td><td></td></tr>
<tr><td colspan="4">兹根据你行贷款办法规定，申请办理上述借款，请核定贷款。
此致

（借款单位预留往来户印章）</td><td colspan="12">会计分录
（付出）户
对方科目：（收入）

会计复核记账</td></tr>
</table>

此联由银行代放款账户付款凭证

第五章　模拟经济业务会计凭证资料

2-1

银行承兑汇票　2

XI02985782

签发日期(大写)××××年壹拾壹月零叁日　　第　号

收款人	全称	金华市五湖机械有限公司		承兑申请人	全称	河北衡丰发电有限公司
	账号	81451058675081002			账号	54868324
	开户行	工商银行长安里支行	行号 109		开户行	建行电厂专业支行

汇票金额	人民币(大写)壹拾捌万陆仟元整	千 百 十 万 千 百 十 元 角 分 ¥ 1 8 6 0 0 0 0 0

汇票到期日	××××年01月11日

本汇票送存你银行承兑,并确认《银行结算办法》和承兑协议的各项规定。
　　此致
承兑银行
　　承兑申请人签章
　　　　××××年11月3日

本汇票经本行承兑,到期日由本行付交。

　　[××银行财务专用章]

　　承兑银行盖章
　　　　××××年11月3日

承兑协议编号　　　　交易合同号码发票

[河北衡丰发电有限公司 财务专用章]

科目(付)

对方科目(收)

转账

日期　年　月　日

汇票签发人盖章　[黄平立印]

负责　经办　　复核　记账

此联收款人开户银行向承兑银行收取票款时作联行往来账付出传票

2-2

国内业务收款回单

客户号：123199886　　　　　　　　　　日期：××××年12月3日
收款人账号：81451058675081002
收款人名称：金华市五湖机械有限公司
收款人开户行：工行长安里支行
金额：CNY185 256.00
人民币壹拾捌万伍仟贰佰伍拾陆元整

业务种类：银行汇票贴现　　业务编号：65071873　　凭证号码：
用途：贴现
附言：
自助打印,请避免重复
交易机构：27669　　交易渠道：网上银行　　交易流水号：612400898-662　　经办

回单编号：××××1223265429168　　回单验证码：687L6PUTR9RT

打印时间：××××-12-3　10:50:10

[中国工商银行股份有限公司 金华市长安里支行 业务专用章]
3YBR2PYA
KEW9LKHD

2-3

国内业务付款回单

客户号：115199886　　　　　　　　　　　　　　　　日期：××××年12月3日
付款人账号：81451058675081002
付款人名称：金华市五湖机械有限公司
付款人开户行：工行长安里支行
金额：CNY744.00
人民币柒佰肆拾肆元整

业务种类：银行汇票贴现　　　业务编号：65071874　　　凭证号码：
用途：贴现利息
备注：
附言：
自助打印，请避免重复
交易机构：27669　　　交易渠道：网上银行　　　交易流水号：612400899-962　　　经办

回单编号：××××1223265429169　　　回单验证码：687L6PUTR9KT　　　打印时间：打印次数：

打印时间：××××-12-3　10:59:10

（中国工商银行股份有限公司 金华市长安里支行 业务专用章 3YBR2PYA KEW9LKHD）

3-1

3307023667

浙江省增值税专用发票

No 08871885

发票联

开票日期：××××年12月03日

检验码　72394 82033 11307 96345

购货单位	名称：金华市五湖机械有限公司 纳税人识别号：913307101995141601 地址、电话：金华市长安里888号 开户行及账号：工行长安里支行 81451058675081002	密码区	<6>958317<*4+-5+1327+-7/*64 >2115994831/9258<99/<984396 0302126<0871<9943*/3750<+-7 /*64>2115994831771/*65398>95

货物或应税劳务、服务名称	规格型号	单位	数量	单价	金额	税率	税额
材料					900 000.00	17%	153 000.00
合计					￥900 000.00	17%	￥153 000.00

价税合计（大写）	壹佰零伍万叁仟元整	（小写）￥1 053 000.00

销货单位	名称：金华电子机械厂 纳税人识别号：420563426735637 地址、电话：金华市五里路23号 开户行及账号：工商银行五里支行 42045276341	备注	网络发票号为：335376846311 查验比对：您可通过www.zjtax.gov.cn或 纳税服务平台查验比对发票内容和税务局 申报内容是否一致，以免不一致造成的 后果

收款人：　　　　复核：　　　　开票人：刘叶　　　　销货单位：（章）

国税函［××××］××××号

第二联发票联：购货方记账凭证

（发票专用章）

第五章　模拟经济业务会计凭证资料

3-2

3307023667

浙江省增值税专用发票

No 08871885

抵扣联

开票日期：××××年12月03日

检验码　72394 82033 11307 96345

购货单位	名称：金华市五湖机械有限公司 纳税人识别号：913307101995141601 地址、电话：金华市长安里888号 开户行及账号：工行长安里支行 81451058675081002	密码区	<6>958317<*4+-5+1327+-7/*64 >2115994831/9258<99/<984396 0302126<0871<9943*/3750<+-7 /*64>2115994831771/*65398>95

货物或应税劳务、服务名称 材料 合计	规格型号	单位	数量	单价	金额 900 000.00 ¥900 000.00	税率 17% 17%	税额 153 000.00 ¥153 000.00

价税合计（大写）	壹佰零伍万叁仟元整	（小写）¥1 053 000.00

销货单位	名称：金华电子机械厂 纳税人识别号：420563426735637 地址、电话：金华市五里路23号 开户行及账号：工商银行五里支行 42045276341	备注	网络发票号为：335876846311 查验比对：您可通过www.zjtax.gov.cn或 纳税服务平台查验比对发票内容和税务局 申报内容是否一致，以免不一致造成的 后果

收款人：　　复核：　　开票人：刘叶　　销货单位：（章）

国税函（××××）×××号

第一联抵扣联：购货方抵扣凭证

3-3

中国工商银行
转账支票存根

支票号码：XII 415131

科目：

对方科目：

签发日期：××××年12月3日

收款人：金华电子机械厂
金额：¥1 053 000.00
用途：支付购料款
备注

单位主管：　　　　　　会计：

3-4

入 库 单

收料部门：仓库　　　　　　　××××年12月3日　　　　　　　　　收字　第　　号

种类	编号	名称	规格	数量	单位	单价	成本总额									
							千	百	十	万	千	百	十	元	角	分
材料		A原材料	ZD0001	200	吨	4 500.00		9	0	0	0	0	0	0	0	0
				备注			¥	9	0	0	0	0	0	0	0	0

第三联财务记账

负责人：孙立　　　　　　记账：李涛　　　　　　验收：张华　　　　　　填单：刘为

4-1

被背书人金华市五湖机械有限公司	被背书人	被背书人
背书： [支票专用章 恒丰实业有限责任公司]　[印章 程萍]	背书：	背书：
日期××××年12月4日	日期　年　月　日	日期　年　月　日

编者注：本支票正面金额为70 200.00元，正面内容从略。

第五章　模拟经济业务会计凭证资料　　　　　　　　29

4-2

国内业务收款回单

客户号：123199886　　　　　　　　　　　日期：××××年12月04日
收款人账号：81451058675081002　　　　　付款人账号：32056371232822
收款人名称：金华市五湖机械有限公司　　　付款人名称：永成实业有限责任公司
收款人开户行：工行长安里支行　　　　　　付款人开户行：建行江大支行
金额：CNY70 200.00
人民币柒万零贰佰元整

业务种类：支票背书　　　业务编号：65071873　　　凭证号码：
用途：货款
附言：
自助打印，请避免重复
交易机构：27669　　　交易渠道：网上银行　　　交易流水号：612400128-682　　　经办

回单编号：××××1223265420168　　　回单验证码：687L6PUTR9RT　　　打印时间：打印次数：

打印时间：××××-12-04　10:50:10

4-3

3307023689　　　　　**浙江省增值税专用发票**　　　　　No08871257

此联不作报销、抵扣凭证使用　　开票日期：××××年12月04日

检验码　72394 82033 11307 96358

购货单位	名称：恒丰实业有限责任公司 纳税人识别号：330199514160578 地址、电话：金华市和信路8号　84667678 开户行及账号：建行和信支行 3205637442	密码区	<6>958317<*4+-5+1327+-7/*64 >2115994831/9258<99/<984396 0302126<0871<9943*/3750<+-7 /*64>2115994831771/*78779>95

货物或应税劳务、服务名称	规格型号	单位	数量	单价	金额	税率	税额
机器出租				60 000.00	60 000.00	17%	10 200.00
合计					￥60 000.00	17%	￥10 200.00

价税合计（大写）　柒万零贰佰元整　　　　　　　　　　（小写）￥70 200.00

销货单位	名称：金华市五湖机械有限公司 纳税人识别号：913307101995141601 地址、电话：金华市长安里888号 开户行及账号：工行长安里支行 81451058675081002	备注	网络发票号为：335376846256 查验比对：您可通过www.zjtax.gov.cn 或 纳税服务平台查验比对发票内容和税务局 申报内容是否一致，以免不一致造成的 后果

收款人：　　　　　复核：　　　　　开票人：　　　　　销货单位：（章）

国税函[××××]×××号　　　　　　第三联记账联：销货方记账凭证

第五章　模拟经济业务会计凭证资料

5－1

3301677827

福建省增值税专用发票

No 08878831

发票联

开票日期：××××年12月04日

检验码　72394 82033 11307 96254

购货单位	名称：金华市五湖机械有限公司
	纳税人识别号：913307101995141601
	地址、电话：金华市长安里888号
	开户行及账号：工行长安里支行 81451058675081002

密码区：
<6>958317<*4+-5+1327+-7/*64
>2115994831/9258<99/<984396
0302126<0871<9943*/3750<+-7
/*64>2115994831771/*67518>95

货物或应税劳务、服务名称	规格型号	单位	数量	单价	金额	税率	税额
产品样本广告费					23 352.83	6%	1 401.17
合计					￥23 352.83	6%	￥1 401.17

价税合计（大写）　贰万肆仟柒佰伍拾肆元整　　　（小写）￥24 754.00

销货单位	名称：厦门新星广告公司
	纳税人识别号：420563426735655
	地址、电话：厦门市北山路7号
	开户行及账号：交通银行北山支行 61451046875081123

备注：网络发票号为：335376853411
查验比对：您可通过www.zjtax.gov.cn 或纳税服务平台查验比对发票内容和税务局申报内容是否一致，以免不一致造成的后果

收款人：　　　复核：　　　开票人：李画　　　销货单位（章）

5－2

3301677987

福建省增值税专用发票

No 08878789

抵扣联

开票日期：××××年12月04日

检验码　72394 82033 11307 96345

购货单位	名称：金华市五湖机械有限公司
	纳税人识别号：913307101995141601
	地址、电话：金华市长安里888号
	开户行及账号：工行长安里支行 81451058675081002

密码区：
<6>958317<*4+-5+1327+-7/*64
>2115994831/9258<99/<984396
0302126<0871<9943*/3750<+-7
/*64>2115994831771/*65398>95

货物或应税劳务、服务名称	规格型号	单位	数量	单价	金额	税率	税额
产品样本广告费					23 352.83	6%	1 401.17
合计					￥23 352.83	6%	￥1 401.17

价税合计（大写）　贰万肆仟柒佰伍拾肆元整　　　（小写）￥24 754.00

销货单位	名称：厦门新星广告公司
	纳税人识别号：420563426735655
	地址、电话：厦门市北山路7号
	开户行及账号：交通银行北山支行 61451046875081123

备注：网络发票号为：335376846311
查验比对：您可通过www.zjtax.gov.cn 或纳税服务平台查验比对发票内容和税务局申报内容是否一致，以免不一致造成的后果

收款人：　　　复核：　　　开票人：李画　　　销货单位（章）

第五章　模拟经济业务会计凭证资料　　　　　　　　　33

5-3

中国工商银行电子汇兑凭证

凭证号码 3744473

委托日期 ××××年12月04日　　　　　第　号

汇款人	全称	金华市五湖机械有限公司	收款人	全称	厦门新星广告公司	第一联汇出行给汇款人的回单
	账号或住址	81451058675081002		账号或住址	61451046875081123	
	汇出地	浙江省金华市县		汇入地	福建省厦门市县	
	汇出行全称	工商银行长安里支行		会入行全称	交行北山支行	

金额	人民币(大写)贰万肆仟柒佰伍拾肆元整	千	百	十	万	千	百	十	元	角	分
					¥	2	4	7	5	4	0	0

汇款用途：产品样本广告费

注：如需加急，请汇款人在括号里注明"加急"字样。
（　　）

（印章：中国工商银行股份有限公司 金华市长安里支行 业务专用章 3YBR2PYA KEW9LKHD）

复核　经办

5-4

国内业务付款回单

客户号：115199886　　　　　　　　　　　日期：××××年12月04日
付款人账号：81451058675081002
付款人名称：金华市五湖机械有限公司
付款人开户行：工行长安里支行
金额：CNY24.72
人民币贰拾肆元柒角贰分

业务种类：收费　　　业务编号：65248757
用途：汇兑手续费
备注：
附言：
自助打印，请避免重复
交易机构：27669　　　交易渠道：网上银行　　　交易流水号：659832698-506　　　经办

回单编号：××××1201965422668　　　回单验证码：698L6PUTR9KY　　　打印时间：打印次数：

打印时间：××××-12-04　10:15:15

（印章：中国工商银行股份有限公司 金华市长安里支行 业务专用章 3YBR2PYA KEW9LKHD）

6-1

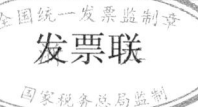

3307023620

浙江省增值税专用发票

No 08871892

发票联

开票日期：××××年12月04日

检验码　72394 82033 11307 96345

购货单位	名称：金华市五湖机械有限公司 纳税人识别号：913307101995141601 地址、电话：金华市长安里888号 开户行及账号：工行长安里支行 81451058675081002	密码区	<6>958317<*4+-5+1327+-7/*64 >2115994831/9258<99/<984396 0302126<0871<9943*/3750<+-7 /*64>2115994831771/*65398>95

货物或应税劳务、服务名称	规格型号	单位	数量	单价	金额	税率	税额
清洁费					1 886.79	6%	113.21
合计					¥1 886.79	6%	¥113.21

价税合计（大写）	贰仟元整	（小写）¥2 000.00

销货单位	名称：金华综合服务有限公司 纳税人识别号：330106570101123 地址、电话：金华市白龙桥路35号　88802489 开户行及账号：工商银行白龙桥支行 33018195679	备注	网络发票号为：335376846311 查验比对：您可通过www.zjtax.gov.cn或 纳税服务平台查验比对发票内容和税务局 申报内容是否一致，以免不一致造成的 后果

收款人：　　　复核：　　　开票人：何平　　　销货单位（章）

国税函（××××）×××号

第二联发票联：购货方记账凭证

6-2

3307023620

浙江省增值税专用发票

No 08871892

抵扣联

开票日期：××××年12月04日

检验码　72394 82033 11307 96345

购货单位	名称：金华市五湖机械有限公司 纳税人识别号：913307101995141601 地址、电话：金华市长安里888号 开户行及账号：工行长安里支行 81451058675081002	密码区	<6>958317<*4+-5+1327+-7/*64 >2115994831/9258<99/<984396 0302126<0871<9943*/3750<+-7 /*64>2115994831771/*65398>95

货物或应税劳务、服务名称	规格型号	单位	数量	单价	金额	税率	税额
清洁费					1 886.79	6%	113.21
合计					¥1 886.79	6%	¥113.21

价税合计（大写）	贰仟元整	（小写）¥2 000.00

销货单位	名称：金华综合服务有限公司 纳税人识别号：330106570101123 地址、电话：金华市白龙桥路35号　88802489 开户行及账号：工商银行白龙桥支行 33018195679	备注	网络发票号为：335376846311 查验比对：您可通过www.zjtax.gov.cn或 纳税服务平台查验比对发票内容和税务局 申报内容是否一致，以免不一致造成的 后果

收款人：　　　复核：　　　开票人：何平　　　销货单位（章）

国税函（××××）×××号

第一联抵扣联：购货方抵扣凭证

第五章　模拟经济业务会计凭证资料　　　37

6-3

国内业务付款回单

客户号：115199886　　　　　　　　　　　日期：××××年12月04日
付款人账号：81451058675081002　　　　　收款人账号：33018195679
付款人名称：金华市五湖机械有限公司　　　收款人名称：金华综合服务有限公司
付款人开户行：工行长安里支行　　　　　　收款人开户行：工商银行白龙桥支行
金额：CNY2 000.00
人民币贰仟元整

业务种类：转账支出　　业务编号：65248872　　凭证号码：
用途：清洁费
备注：
附言：
自助打印，请避免重复
交易机构：27669　　交易渠道：网上银行　　交易流水号：659836798-508　　经办

回单编号：××××1204965422668　　回单验证码：687L6PUTR9KT　　打印时间：打印次数：

打印时间：××××-12-04　12:11:15

（中国工商银行股份有限公司 金华市长安里支行 业务专用章 3YBR2PYA KEW9LKHD）

7-1

3307024791　　　**浙江省增值税专用发票**　　　No08876529

（全国统一发票监制章 国家税务总局监制）

发票联　　　开票日期：××××年12月04日

检验码　72394 82033 11307 96345

购货单位	名称：金华市五湖机械有限公司 纳税人识别号：913307101995141601 地址、电话：金华市长安里888号 开户行及账号：工行长安里支行 81451058675081002	密码区	<6>958317<*4+-5+1327+-7/*64 >2115994831/9258<99/<984396 0302126<0871<9943*/3750<+-7 /*64>2115994831771/*65398>95

货物或应税劳务、服务名称	规格型号	单位	数量	单价	金额	税率	税额
培训费					1 000.00	6%	60.00
合计					￥1 000.00	6%	￥60.00

价税合计（大写）　　壹仟零陆拾元整　　　　　　　　　　　（小写）￥1 060.00

销货单位	名称：浙江师范大学行知学院 纳税人识别号：330199514160889 地址、电话：金华市北二环路888号 开户行及账号：工行浙师大支行 81451058675568009	备注	网络发票号为：335376846311 查验比对：您可通过 www.zjtax.gov.cn 或 纳税服务平台查验比对发票内容和税务局 申报内容是否一致，以免不一致造成的 后果

收款人：　　复核：　　开票人：赵有成　　销货单位：（章）

国税函[××××]××号　　　第二联发票联：购货方记账凭证

7-2

3307024791

浙江省增值税专用发票

No08876529

抵扣联

开票日期：××××年12月04日

检验码　72394 82033 11307 96345

购货单位	名称：金华市五湖机械有限公司 纳税人识别号：913307101995141601 地址、电话：金华市长安里888号 开户行及账号：工行长安里支行81451058675081002	密码区	<6>958317<*4+-5+1327+-7/*64 >2115994831/9258<99/<984396 0302126<0871<9943*/3750<+-7 /*64>2115994831771/*65398>95

货物或应税劳务、服务名称	规格型号	单位	数量	单价	金额	税率	税额
培训费					1 000.00	6%	60.00
合计					¥1 000.00	6%	¥60.00

价税合计（大写）	壹仟零陆拾元整		（小写）¥1 060.00

销货单位	名称：浙江师范大学行知学院 纳税人识别号：330199514160889 地址、电话：金华市北二环路888号 开户行及账号：工行浙师大支行81451058675568009	备注	网络发票号为：335330846311 查验比对：您可通过www.zjtax.gov.cn或 纳税服务平台查验比对发票内容和税务局 申报内容是否一致，以免不一致造成的 后果

收款人：　　　　复核：　　　　开票人：赵有成　　　　销货单位：（章）

7-3

中国工商银行
转账支票存根

支票号码：Ⅻ 415133
科目：
对方科目：
签发日期：××××年12月04日

收款人：赵有成
金额：¥1 060.00
用途：浙师大行知学院培训费
备注：

单位主管：　　　　　　会计：

第五章　模拟经济业务会计凭证资料　　　　　41

8-1

3307028870

浙江省增值税普通发票

No08878865

此联不作报销凭证使用　开票日期：××××年12月04日

检验码　72394 82033 11307 96358

购货单位	名称：金华市物资经营公司 纳税人识别号：33019951416664 地址、电话：金华市将军路10号　84667008 开户行及账号：建行将军支行 3205637669	密码区	<6>958317<*4+-5+1327+-7/*64 >2115994831/9258<99/<984396 0302126<0871<9943*/3750<+-7 /*64>2115994831771/*78779>95

货物或应税劳务、服务名称	规格型号	单位	数量	单价	金额	税率	税额
A原材料下脚料					3 418.80	17%	581.20
合计					￥3 418.80	17%	￥581.20

价税合计（大写）　　肆仟元整　　　　　　　　　　　　（小写）￥4 000.00

销货单位	名称：金华市五湖机械有限公司 纳税人识别号：913307101995141601 地址、电话：金华市长安里888号 开户行及账号：工行长安里支行 81451058675081002	备注	网络发票号为：335376846256 查验比对：您可通过www.zjtax.gov.cn或 纳税服务平台查验比对发票内容和税务局 申报内容是否一致，以免不一致造成的 后果

收款人：　　　　　复核：　　　　　开票人：刘浩　　　　　销货单位：（章）

国税函〔××××〕××××号

第三联记账联：销货方记账凭证

8-2

中国工商银行金华市分行支票

支票号码：DN 044356

出票日期（大写）××××年壹拾贰月零肆日　　　　付款人名称：工行莘庄支行
收款人：金华市五湖机械有限公司　　　　　　　　出票人账号：244-05206562

人民币 （大写）	肆仟元整	千	百	十	万	千	百	十	元	角	分
					￥	4	0	0	0	0	0

用途：销售废料

上列款项请从　　　　　　　　　　　　　　复核
我账户内支付　　　　　　　　　　　　　　记账
出票人签章　　金华市物资经营公司　　　　验印
　　　　　　　　财务专用章　　　　印　李晖

第五章　模拟经济业务会计凭证资料　　　　　　　　　43

8-3

国内业务收款回单

客户号：123199886	日期：××××年12月04日
收款人账号：81451058675081002	付款人账号：32024405206562
收款人名称：金华市五湖机械有限公司	付款人名称：金华市物资经营公司
收款人开户行：工行长安里支行	付款人开户行：工行莘庄支行
金额：CNY4 000.00	
人民币肆仟元整	

业务种类：银行转账　　业务编号：65085873　　凭证号码：
用途：货款
备注：
附言：
自助打印，请避免重复
交易机构：27669　　交易渠道：网上银行　　交易流水号：612401428-602　　经办

回单编号：××××1223266620168　　回单验证码：687L6PUTR9KT　　打印时间：打印次数：

打印时间：××××-12-04　10:50:10

（中国工商银行股份有限公司 金华市长安里支行 业务专用章 3YBR2PYA KEW9LKHD）

9-1

银行汇票申请书

中国工商银行银行汇票申请书（存根）　1

申请日期××××年12月5日　　　　　　第　号

申请人	金华市五湖机械有限公司	收款人	江苏昆山商贸公司
账号或住址	20050410	账号或住址	81451058675081002
用途	支付购货款	代理付款行	工行长安里支行
汇票金额	人民币（大写）　陆拾万元整	千 百 十 万 千 百 十 元 角 分 ¥ 6 0 0 0 0 0 0 0	

上列款项请从我账户内支付	科目（借）：
申请人盖章（金华市五湖机械有限公司财务专用章）	对方科目（贷）： 转账日期　　年　月　日 复核：　　　　记账：

此联申请人保留

第五章 模拟经济业务会计凭证资料

9-2

国内业务付款回单

客户号：115199886　　　　　　　　　　　　日期：××××年12月5日
付款人账号：81451058675081002
付款人名称：金华市五湖机械有限公司
付款人开户行：工行长安里支行
金额：CNY21.00
人民币贰拾壹元整

业务种类：收费　　　业务编号：65248757
用途：汇兑手续费
备注：
附言：
自助打印，请避免重复
交易机构：27669　　交易渠道：网上银行　　交易流水号：659832698-506　　经办

回单编号：××××1201965422668　　回单验证码：698L6PUTR9KY

打印时间：××××-12-05　　打印次数：

（中国工商银行股份有限公司 金华市长安里支行 业务专用章 3YBR2PYA KEW9LKHD）

10-1

4207024745　　**江苏省增值税专用发票**　　No08876563

发票联　　开票日期：××××年12月05日

检验码　72394 82033 11307 96345

购货单位	名称：金华市五湖机械有限公司 纳税人识别号：913307101995141601 地址、电话：金华市长安里888号 开户行及账号：工行长安里支行 81451058675081002	密码区	<6>958317<*4+-5+1327+-7/*64 >2115994831/9258<99/<984396 0302126<0871<9943*/3750<+-7 /*64>2115994831771/*65398>95

货物或应税劳务、服务名称	规格型号	单位	数量	单价	金额	税率	税额
材料	YZ0001	吨	130	3 846.15	500 000.00	17%	85 000.00
合计					￥500 000.00	17%	￥85 000.00

价税合计（大写）　伍拾捌万伍仟元整　　（小写）￥585 000.00

销货单位	名称：江苏昆山商贸公司 纳税人识别号：420563426735637 地址、电话：昆山市丰都路25号 开户行及账号：工行丰都支行 42045276341	备注	网络发票号为：335576846311 查验比对：您可通过www.zjtax.gov.cn或 纳税服务平台查验比对发票内容和税务局 申报内容是否一致，以免不一致造成的 后果

收款人：　　　复核：　　　开票人：李峰　　　销货单位（章）

国税函[××××]××××号　　第二联发票联：购货方记账凭证

第五章　模拟经济业务会计凭证资料

10-2

4207024745

江苏省增值税专用发票

No 08876563

抵扣联

开票日期：××××年12月05日

检验码　72394 82033 11307 96345

购货单位	名称：金华市五湖机械有限公司 纳税人识别号：913307101995141601 地址、电话：金华市长安里888号 开户行及账号：工行长安支行 81451058675081002	密码区	<6>958317<*4+-5+1327+-7/*64 >2115994831/9258<99/<984396 0302126<0871<9943*/3750<+-7 /*64>2115994831771/*65398>95

货物或应税劳务、服务名称	规格型号	单位	数量	单价	金额	税率	税额
材料	YZ0001	吨	130	3 846.15	500 000.00	17%	85 000.00
合计					￥500 000.00	17%	￥85 000.00

价税合计（大写）	伍拾捌万伍仟元整	（小写）￥585 000.00

销货单位	名称：江苏昆山商贸公司 纳税人识别号：420563426735637 地址、电话：昆山市丰都路25号 开户行及账号：工行丰都支行 42045276341	备注	网络发票号为：335376846311 查验比对：您可通过www.zjtax.gov.cn或 纳税服务平台查验比对发票内容和税务局 申报内容是否一致，以免不一致造成的 后果

收款人：　　　　复核：　　　　开票人：李峰　　　　销货单位（章）

10-3

4207024752

江苏省增值税专用发票

No 08876672

发票联

开票日期：××××年12月05日

检验码　72394 82033 11307 96345

购货单位	名称：金华市五湖机械有限公司 纳税人识别号：913307101995141601 地址、电话：金华市长安里888号 开户行及账号：工行长安支行 81451058675081002	密码区	<6>958317<*4+-5+1327+-7/*64 >2115994831/9258<99/<984396 0302126<0871<9943*/3750<+-7 /*64>2115994831771/*65398>95

货物或应税劳务、服务名称	规格型号	单位	数量	单价	金额	税率	税额
运输费					1 000.00	11%	110.00
合计					￥1 000.00	11%	￥110.00

价税合计（大写）	壹仟壹佰壹拾元整	（小写）￥1 100.00

销货单位	名称：江苏长通运输有限公司 纳税人识别号：420563426736629 地址、电话：昆山市丰都路100号 开户行及账号：工行丰都支行 42045275491	备注	网络发票号为：335376846311 查验比对：您可通过www.zjtax.gov.cn或 纳税服务平台查验比对发票内容和税务局 申报内容是否一致，以免不一致造成的 后果

收款人：　　　　复核：　　　　开票人：刘林　　　　销货单位（章）

10-4

江苏省增值税专用发票

4207024752　　　　　　　　　　　　　　　　　　　　　　　　　No 08876672

抵扣联

开票日期：××××年12月05日

检验码　72394 82033 11307 96345

购货单位	名称：金华市五湖机械有限公司 纳税人识别号：913307101995141601 地址、电话：金华市长安里888号 开户行及账号：工行长安里支行 81451058675081002	密码区	<6>958317<*4+-5+1327+-7/*64 >2115994831/9258<99/<984396 0302126<0871<9943*/3750<+-7 /*64>2115994831771/*65398>95

货物或应税劳务、服务名称	规格型号	单位	数量	单价	金额	税率	税额
运输费					1 000.00	11%	110.00
合计					￥1 000.00	11%	￥110.00

价税合计（大写）	壹仟壹佰壹拾元整	（小写）￥1 100.00

销货单位	名称：江苏长通运输有限公司 纳税人识别号：42056342673629 地址、电话：昆山市丰都路100号 开户行及账号：工行丰都支行 42045275491	备注	网络发票号为：335376846311 查验比对：您可通过www.zjtax.gov.cn或 纳税服务平台查验比对发票内容和税务局 申报内容是否一致，以免不一致造成的 后果

收款人：　　　　　复核：　　　　　开票人：刘林　　　　　销货单位（章）

国税函（××××）××××号

第一联抵扣联：购货方抵扣凭证

10-5

入　库　单

收料部门：仓库　　　　　　　××××年12月5日　　　　　　　　收字第6号

种类	编号	名称	规格	数量	单位	单价	成本总额								
							千	百	十	万	千	百	十	元	角	分
材料	YZ0001	B原材料		130	吨	3 853.85			5	0	1	0	0	0	0	0
备注							￥		5	0	1	0	0	0	0	0

负责人：孙立　　　记账：李涛　　　验收：张华　　　填单：刘为

第三联财务记账

10-6

中国工商银行
银行汇票多余款收账通知 4

付款期限 贰个月

汇票号码 第 X01213

出票日期(大写)：××××年壹拾贰月零伍日	代理付款行：长安里支行	行号：6354812

收款人：	江苏昆山商贸公司
出票金额	人民币(大写)陆拾万元整

实际结算金额	人民币(大写)	伍拾捌万伍仟元整	千 百 十 万 千 百 十 元 角 分
			¥ 5 8 5 0 0 0 0 0

申请人：	账号或住址：
出票人：	行号：
备注：	

出票行盖章：
中国工商银行股份有限公司
金华市长安里支行
业务专用章
3YBR2PYA
KEW9LKHD

密押	左列退回多余金额已收入你账户内
多余金额	
千 百 十 万 千 百 十 元 角 分	
年 月 日　¥ 1 5 0 0 0 0 0	财务主管： 复核： 经办：

此联出票行结清多余款后交申请人

11-1

中国工商银行金华市分行支票　　支票号码：0025866

出票日期(大写)××××年壹拾贰月零捌日　　付款人名称：工行奉贤支行
收款人：金华市五湖机械有限公司　　出票人账号：041-35641328

人民币(大写)	贰万捌仟零捌拾元整	千 百 十 万 千 百 十 元 角 分
		¥ 2 8 0 8 0 0 0

用途：货款
上列款项请从　　　　　　　　　　　　复核
我账户内支付　　　　　　　　　　　　记账
出票人签章　　　　　　　　　　　　　验印

奉贤农业机械厂
财务专用章

强张
印国

编者注：货款在××××年已作为应收账款坏账损失转销，此次重新收回。

11－2

国内业务收款回单

客户号：123199886	日期：××××年12月08日
收款人账号：81451058675081002	付款人账号：32022598006562
收款人名称：金华市五湖机械有限公司	付款人名称：奉贤农业机械厂
收款人开户行：工行长安里支行	付款人开户行：工行奉贤支行
金额：CNY28 080.00	
人民币贰万捌仟零捌拾元整	

业务种类：银行转账　　　业务编号：65085873　　　凭证号码：
用途：货款
备注：
附言：
自助打印，请避免重复
交易机构：27669　　　交易渠道：网上银行　　　交易流水号：612401428-602　　　经办

回单编号：××××1223266620168　　　回单验证码：687L6PUTR9KT

打印时间：××××-12-08　10:50:10

12－1

工会经费收入专用收据

国财01601　　　　　　　　××××年12月8日　　　　　　　　NO 02036822

缴款单位(个人)：

项目	内容	金额						
		万	千	百	十	元	角	分
公司拨缴工会经费			9	6	8	4	8	0

金额(大写)玖仟陆佰捌拾肆元捌角整　　　　　　￥9 684.80

备注：

收款单位盖章：　　　　　复核人：　　　　　收款人：周芸

第五章 模拟经济业务会计凭证资料　　　　　　　　　55

12－2

国内业务付款回单

客户号：115199886	日期：××××年12月08日
付款人账号：81451058675081002	收款人账号：842042045276341
付款人名称：金华市五湖机械有限公司	收款人名称：金华市总工会
付款人开户行：工行长安里支行	收款人开户行：工商文化路支行
金额：CNY9 684.80	
人民币玖仟陆佰捌拾肆元捌角整	

业务种类：转账支出　　业务编号：65248994　　凭证号码：
用途：上缴工会经费
备注：
附言：
　自助打印，请避免重复
交易机构：27669　　交易渠道：网上银行　　交易流水号：659841798-889　　经办

回单编号：××××1209965423168　　回单验证码：687L6PUTR9KT　　打印时间：打印次数：

打印时间：××××-12-08　14:20:46

（印章：中国工商银行股份有限公司 金华市长安里支行 业务专用章 3YBR2PYA KEW9LKHD）

13－1

3301202479　　浙江省增值税普通发票　　No08876539

发票联　　　　　开票日期：××××年12月09日

检验码：72394 82033 11307 96345

购货单位	名称：金华市五湖机械有限公司	密码区	<6>958317<*4+-5+1327+-7/*64 >2115994831/9258<99/<984396 0302126<0871<9943*/3750<+-7 /*64>2115994831771/*65398>95
	纳税人识别号：913307101995141601		
	地址、电话：金华市长安里888号		
	开户行及账号：工行长安里支行 81451058675081002		

货物或应税劳务、服务名称	规格型号	单位	数量	单价	金额	税率	税额
办公用品					854.70	17%	145.30
合计					￥854.70	17%	￥145.30

价税合计（大写）	壹仟元整	（小写）￥1 000.00

销货单位	名称：金华红剑文化用品公司	备注	网络发票号为：335376846311 查验比对：您可通过www.zjtax.gov.cn或 纳税服务平台查验比对发票内容和税务局 申报内容是否一致，以免不一致造成的 后果
	纳税人识别号：330199514144680		
	地址、电话：金华市玉泉路10号		
	开户行及账号：工行玉泉支行 81451058675568856		

收款人：　　复核：　　开票人：周芸　　销货单位：（章）

国税函[××××]××××号　　第二联发票联：购货方记账凭证

13-2

销售货物或提供劳务清单

购买方名称：金华市五湖机械有限公司
销售方名称：金华红剑文化用品公司
所属增值税普通发票代码：3301202479　　号码：08876539　　　　　　　　　　共1页第1页

序号	货物劳务名称	规格型号	单位	数量	单价	金额	税率	税额
1	装订机		个	2	179.49	358.97	17%	61.03
2	回形针		盒	20	1.71	34.19	17%	5.81
3	固体胶		盒	5	17.09	85.47	17%	14.53
4	黑色水笔		盒	5	12.82	64.10	17%	10.90
5	红色水笔		盒	5	12.82	64.10	17%	10.90
6	书立		个	10	8.55	85.47	17%	14.53
7	档案盒		只	20	4.27	85.47	17%	14.53
8	橡皮擦		盒	2	21.37	42.74	17%	7.26
9	信笺		本	20	1.71	34.19	17%	5.81
合计						¥854.70	17%	¥145.30

13-3

支出证明单

××××年12月9日　　　　　　　　　　　附件共1张

支出科目	摘要	万	千	百	十	元	角	分	备注
购办公用品	购装订机等		1	0	0	0	0	0	
合计人民币(大写)：壹仟元整							¥1 000.00		

核准：王政　　　　复核：孙立　　　　证明人：张利　　　　经手：张飞明

13-4

办公用品领用单

领用部门：办公室

品名	单位	数量
装订机	个	2
回形针	盒	20
固体胶	盒	5
黑色水笔	盒	5
红色水笔	盒	5
书立	个	10
档案盒	只	20
橡皮擦	盒	2
信笺	本	20

核准：王政　　复核：　　证明人：张利　　经手：张飞明

14-1

委托收款 凭证（付款通知）5

委邮

委托日期 ×××× 年 12 月 9 日　　委托号码 420123
付款日期　　年　月　日

付款人	全称	金华市五湖机械有限公司	收款人	全称	江苏长通运输有限公司	
	账号或地址	81451058675081002		账号	45871369514	
	开户银行	工行长安里支行		开户银行	工商建设路支行	行号

委托收款 人民币（大写）：壹仟壹佰壹拾元整　　￥1110.00

| 款项内容 | 运费 | 委托收款票据名称 | | 附寄单证张数 | |

备注：

付款人注意
1. 应于检票当日通知开户银行划款
2. 如需拒付，应在规定期限内，将拒付理由书并附债务证明退交开户银行

（盖章：金华市长安里支行 业务专用章 3YBR2PYA KEW9LKHD）

单位主管：　会计：　复核：　记账：　付款人：　开户银行盖章：　年 月 日

15－1

3307024551

浙江省增值税专用发票

No08876779

发票联

开票日期：××××年12月09日

检验码　72394 82033 11307 96345

购货单位	名称：金华市五湖机械有限公司					密码区	<6>958317<*4+-5+1327+-7/*64>2115994831/9258<99/<9843960302126<0871<9943*/3750<+-7/*64>2115994831771/*65398>95		
	纳税人识别号：913307101995141601								
	地址、电话：金华市长安里888号								
	开户行及账号：工行长安里支行 81451058675081002								
货物或应税劳务、服务名称	规格型号	单位	数量	单价	金额		税率	税额	
木箱					5 200.00		17%	884.00	
合计					￥5 200.00		17%	￥884.00	
价税合计（大写）	陆仟零捌拾肆元整						（小写）￥6 084.00		
销货单位	名称：金华云民木箱厂					备注	网络发票号为：335876846811 查验比对：您可通过www.zjtax.gov.cn或纳税服务平台查验比对发票内容和税务局申报内容是否一致，以免不一致造成的后果		
	纳税人识别号：420563426735637								
	地址、电话：金华市密云路3号								
	开户行及账号：工商银行五里支行 42045276341								

收款人：　　　　　复核：　　　　　开票人：陈君　　　　　销货单位（章）

第二联发票联：购货方记账凭证

国税函〔××××〕××××号

15－2

3307024551

浙江省增值税专用发票

No08876779

抵扣联

开票日期：××××年12月09日

检验码　72394 82033 11307 96345

购货单位	名称：金华市五湖机械有限公司					密码区	<6>958317<*4+-5+1327+-7/*64>2115994831/9258<99/<9843960302126<0871<9943*/3750<+-7/*64>2115994831771/*65398>95		
	纳税人识别号：913307101995141601								
	地址、电话：金华市长安里888号								
	开户行及账号：工行长安里支行 81451058675081002								
货物或应税劳务、服务名称	规格型号	单位	数量	单价	金额		税率	税额	
木箱					5 200.00		17%	884.00	
合计					￥5 200.00		17%	￥884.00	
价税合计（大写）	陆仟零捌拾肆元整						（小写）￥6 084.00		
销货单位	名称：金华云民木箱厂					备注	网络发票号为：335876846811 查验比对：您可通过www.zjtax.gov.cn或纳税服务平台查验比对发票内容和税务局申报内容是否一致，以免不一致造成的后果		
	纳税人识别号：420563426735637								
	地址、电话：金华市密云路3号								
	开户行及账号：工商银行五里支行 42045276341								

收款人：　　　　　复核：　　　　　开票人：陈君　　　　　销货单位（章）

第一联抵扣联：购货方抵扣凭证

国税函〔××××〕××××号

15－3

入 库 单

收料部门：仓库　　　　　××××年12月9日　　　　　　　　　收字第　　号

种类	编号	名称	规格	数量	单位	单价	成本总额									
							千	百	十	万	千	百	十	元	角	分
周转材料		木箱		100	个	52.00				5	2	0	0	0	0
备注									¥	5	2	0	0	0	0

负责人：孙立　　　　　记账：李涛　　　　　　验收：张华　　　　　填单：刘为

第三联 财务记账

15－4

国内业务付款回单

客户号：115199886　　　　　　　　　　　日期：××××年12月09日
付款人账号：81451058675081002　　　　收款人账号：42045276341
付款人名称：金华市五湖机械有限公司　　收款人名称：金华云民木箱厂
付款人开户行：工行长安里支行　　　　　收款人开户行：工商银行五里支行
金额：CNY6 084.00
人民币陆仟零捌拾肆元整

业务种类：转账支出　　　业务编号：65248994　　　凭证号码：
用途：购料款
备注：
附言：
自助打印，请避免重复
交易机构：27669　　　交易渠道：网上银行　　交易流水号：659836798－899　　经办

回单编号：××××1209965422668　　回单验证码：687L6PUTR9KT　　打印时间：打印次数：
打印时间：××××－12－09　12:20:46

第五章　模拟经济业务会计凭证资料　　　　　　　　　　　　　65

16－1

3307023689

浙江省增值税专用发票

No08871258

此联不作报销、抵扣凭证使用　开票日期：××××年12月11日

检验码　72394 82033 11307 96358

购货单位	名称：武汉海宏有限责任公司 纳税人识别号：42015763245136 地址、电话：武汉市中华路302号　87674588 开户行及账号：工行中华路支行 42064569612	密码区	<6>958317<*4+-5+1327+-7/*64 >2115994831/9258<99/<984396 0302126<0871<9943*/3750<+-7 /*64>2115994831771/*78779>95

货物或应税劳务、服务名称	规格型号	单位	数量	单价	金额	税率	税额
乙产品			50	11 000.00	550 000.00	17%	93 500.00
合计					￥550 000.00	17%	￥93 500.00

价税合计（大写）	陆拾肆万叁仟伍佰元整	（小写）￥643 500.00

销货单位	名称：金华市五湖机械有限公司 纳税人识别号：913307101995141601 地址、电话：金华市长安里888号 开户行及账号：工行长安里支行 81451058675081002	备注	网络发票号为：335376846256 查验比对：您可通过www.zjtax.gov.cn或纳税服务平台查验比对发票内容和税务局申报内容是否一致，以免不一致造成的后果

收款人：　　　复核：　　　开票人：周云丽　　　销货单位：（章）

国税函〔××××〕×××号　　第三联记账联：销货方记账凭证

16－2

出　库　单

发货仓库：仓库　　　　　　　　　　　　　　　　　　　　第　　号
提货单位：武汉海宏有限责任公司　　××××年12月11日

类别	编号	名称型号	单位	应发数量	实发数量	单位成本	金额
产品		乙产品	台	50	50		
		合计					

负责人：　　　经发：　　　保管：黄改云　　　填单：

第三联财务记账

17－1

金华证券中央登记结算公司
金华证券营业部
成交过户交割凭证

××××年12月11日买入

股东编号：12345678	成交证券：02国债(10)
股东姓名：金华市五湖机械有限公司	成交数量：50
公司代号：12345	平均价格：1 070.00
申请编码号：182707723	成交金额：￥53 500.00
申请时间：××××	标准佣金：50.00
成交时间：××××	过户费用：0.00
本次成交：50(手)	应付金额：￥53 500.00
本次余额：50(手)	附加费用：0.00
本次库存：50(手)	实际金额：￥53 550.00
经办单位：金华证券	客户签章：金华市五湖机械有限公司

编者注：准备随时出售。

18－1

技术开发委托书

兹委托金华技术开发研究所进行文案、实验、制作样品等相关工作，不拥有产品知识产权并有义务保证委托人完全拥有知识产权。产品研发成功投产后，将获得贰拾万元的佣金，并可以在不影响知识产权受损失的情况下发表论文。期间产生的材料费实报实销，并保证不泄露任何知识产权相关、商业相关秘密。以上知识产权自投产后五年止，如造成损失按损失额10倍承担赔偿及相关法律责任。

委托人：金华市五湖机械有限公司

受委托人：金华技术开发研究所

××××年12月11日

18-2

国内业务付款回单

客户号：115199886　　　　　　　　　　日期：××××年12月11日
付款人账号：81451058675081002　　　　收款人账号：42084296341
付款人名称：金华市五湖机械有限公司　　收款人名称：金华技术开发研究所
付款人开户行：工行长安里支行　　　　　收款人开户行：工商银行五里支行
金额：CNY100 000.00
人民币壹拾万元整

业务种类：转账支出　　业务编号：65248994　　凭证号码：
用途：预付研发费
备注：
附言：
自助打印，请避免重复
交易机构：27669　　交易渠道：网上银行　　交易流水号：659836798-889　　经办

回单编号：××××1209965422668　　回单验证码：687L6PUTR9RT

打印时间：12:20:46　　打印次数：

（印章：中国工商银行股份有限公司 金华市长安里支行 业务专用章 3YBR2PYA KEW9LKHD）

19-1

中国工商银行
现金支票存根

支票号码：XII 3576802
科目：
对方科目：
签发日期：××××年12月12日

收款人：金华市五湖机械有限公司
金额：¥3 000.00
用途：备用
备注：

单位主管：　　　　　　会计：

第五章 模拟经济业务会计凭证资料　　　　　　　　　　71

20-1

3307023689　　　　　　　**浙江省增值税专用发票**　　　　　　　No 08871259

此联不作报销、抵扣凭证使用　开票日期：××××年12月12日

检验码　72394 82033 11307 96358

购货单位	名称：武汉九头鸟公司 纳税人识别号：32010578624167 地址、电话：武汉市江大路2号　84667188 开户行及账号：建行江大支行 3205637123	密码区	<6>958317<*4+-5+1327+-7/*64 >2115994831/9258<99/<984396 0302126<0871<9943*/3750<+-7 /*64>2115994831771/*78779>95

货物或应税劳务、服务名称	规格型号	单位	数量	单价	金额	税率	税额
乙产品			10	10 000.00	100 000.00	17%	17 000.00
合计					¥100 000.00	17%	¥17 000.00
价税合计（大写）	壹拾壹万柒仟元整					（小写）¥117 000.00	

销货单位	名称：金华市五湖机械有限公司 纳税人识别号：913307101995141601 地址、电话：金华市长安里888号 开户行及账号：工行长安里支行 81451058675081002	备注	网络发票号为：335376846256 查验比对：您可通过www.zjtax.gov.cn或 纳税服务平台查验比对发票内容和税务局 申报内容是否一致，以免不一致造成的 后果

收款人：　　　　复核：　　　　开票人：周云丽　　　　销货单位：（章）

国税函〔××××〕×××号

第三联记账联：销货方记账凭证

20-2

出　库　单

发货仓库：仓库　　　　　　　　　　　　　　　　　　　　　　　　第　　号
提货单位：武汉九头鸟公司　　××××年12月12日

类别	编号	名称型号	单位	应发数量	实发数量	单位成本	金额
产品		乙产品	台	10	10		
		合计					

负责人：　　　　经发：　　　　保管：黄改云　　　　填单：

第三联财务记账

20-3

商业承兑汇票

汇票号码 第 XI025 号

开票日期（大写）：××××年壹拾贰月壹拾贰日

付款人	全称	武汉九头鸟公司		收款人	全称	金华市五湖机械有限公司	
	账号	3205637123			账号	81451058675081002	
	开户银行	建行江大支行	行号 34256		开户银行	工行长安里支行	行号 67238

出票金额	人民币（大写）壹拾壹万柒仟元整	￥ 1 1 7 0 0 0 0 0

汇票日期		交易合同号码	

本汇票已经承兑，到期无条件支付票款

承兑人签章
承兑日期 ××××年12月12日

本汇票请予以承兑于到期日付款

出票签章

此联持票人开户行作借方凭证附件 开户行随委托收款凭证寄付款人

21-1

设备报废申请单

××××年12月15日

固定资产编号及名称	型号、规格技术特征	单位	数量	原值	预计残值	已提折旧	净值	报废原因
××设备	X-63	台	1	25 000	1 500	23 000	2 000	不能继续使用

主管组室： 　　主管审批：林冰　　 使用部门：加工车间　　 制单：李好

21－2

3307023620

浙江省增值税专用发票

No08871892

发票联

开票日期：××××年12月15日

检验码 72394 82033 11307 96345

购货单位	名称：金华市五湖机械有限公司 纳税人识别号：913307101995141601 地址、电话：金华市长安里888号 开户行及账号：工行长安里支行 81451058675081002	密码区	<6>958317<*4+-5+1327+-7/*64 >2115994831/9258<99/<984396 0302126<0871<9943*/3750<+-7 /*64>2115994831771/*65398>95

货物或应税劳务、服务名称	规格型号	单位	数量	单价	金额	税率	税额
设备清理费					1 132.08	6%	67.92
合计					￥1 132.08	6%	￥67.92

价税合计（大写）　壹仟贰佰元整　　　　　　　　　　（小写）￥1 200.00

销货单位	名称：金华综合服务有限公司 纳税人识别号：330106689101156 地址、电话：金华市李渔路50号　88802477 开户行及账号：工商银行李渔路支行 33018188659	备注	网络发票号为：335876846311 查验比对：您可通过www.zjtax.gov.cn或 纳税服务平台查验比对发票内容和税务局 申报内容是否一致，以免不一致造成的 后果

收款人：　　　　　复核：　　　　　开票人：何书可　　　　　销货单位（章）

国税函〔××××〕×××号

第二联发票联：购货方记账凭证

21－3

3307023620

浙江省增值税专用发票

No08871892

抵扣联

开票日期：××××年12月15日

检验码 72394 82033 11307 96345

购货单位	名称：金华市五湖机械有限公司 纳税人识别号：913307101995141601 地址、电话：金华市长安里888号 开户行及账号：工行长安里支行 81451058675081002	密码区	<6>958317<*4+-5+1327+-7/*64 >2115994831/9258<99/<984396 0302126<0871<9943*/3750<+-7 /*64>2115994831771/*65398>95

货物或应税劳务、服务名称	规格型号	单位	数量	单价	金额	税率	税额
设备清理费					1 132.08	6%	67.92
合计					￥1 132.08	6%	￥67.92

价税合计（大写）　壹仟贰佰元整　　　　　　　　　　（小写）￥1 200.00

销货单位	名称：金华综合服务有限公司 纳税人识别号：330106689101156 地址、电话：金华市李渔路50号　88802477 开户行及账号：工商银行李渔路支行 33018188659	备注	网络发票号为：335876846311 查验比对：您可通过www.zjtax.gov.cn或 纳税服务平台查验比对发票内容和税务局 申报内容是否一致，以免不一致造成的 后果

收款人：　　　　　复核：　　　　　开票人：何书可　　　　　销货单位（章）

国税函〔××××〕×××号

第一联抵扣联：购货方抵扣凭证

第五章 模拟经济业务会计凭证资料　　　　　77

21-4

国内业务付款回单

客户号：115199886　　　　　　　　　日期：××××年12月15日
付款人账号：81451058675081002　　　收款人账号：42083616341
付款人名称：金华市五湖机械有限公司　　收款人名称：金华综合服务有限公司
付款人开户行：工行长安里支行　　　　　收款人开户行：工商银行李渔路支行
金额：CNY1 200.00
人民币壹仟贰佰元整

业务种类：转账支出　　业务编号：65248994　　凭证号码：
用途：支付清理费
备注：
附言：
自助打印，请避免重复
交易机构：27669　　交易渠道：网上银行　　交易流水号：659896798-831　　经办

回单编号：××××1209965458668　　回单验证码：687L6PUTR9KT

打印时间：14:20:46　　打印次数：

（中国工商银行股份有限公司 金华市长安里支行 业务专用章 3YBR2PYA KEW9LKHD）

22-1

3307023667　　**浙江省增值税普通发票**　　No08878642

发票联　　　　开票日期：××××年12月15日

检验码：72394 82033 11307 96345

购货单位	名称：金华市五湖机械有限公司 纳税人识别号：913307101995141601 地址、电话：金华市长安里888号 开户行及账号：工行长安里支行 81451058675081002	密码区	<6>958317<*4+-5+1327+-7/*64 >2115994831/9258<99/<984396 0302126<0871<9943*/3750<+-7 /*64>2115994831771/*65398>95

货物或应税劳务、服务名称	规格型号	单位	数量	单价	金额	税率	税额
刻章					61.32	6%	3.68
合计					￥61.32	6%	￥3.68

价税合计（大写）　　陆拾伍元整　　　　　　　　　　　（小写）￥65.00

销货单位	名称：金华综合服务有限公司 纳税人识别号：330106570101123 地址、电话：金华市白龙桥路35号 88802489 开户行及账号：工商银行白龙桥支行 33018195679	备注	网络发票号为：335376846311 查验比对：您可通过www.zjtax.gov.cn或纳税服务平台查验比对发票内容和税务局申报内容是否一致，以免不一致造成的后果

收款人：　　　复核：　　　开票人：马书以　　　销货单位（章）

国税函〔××××〕×××号

第二联发票联：购货方记账凭证

22－2

金华市五湖机械有限公司

零用现金报销单

申请部门：财务部　　　　×××× 年 12 月 15 日　　　　　　　　　附件 1 张

付款内容	金额
刻章	￥65.00
	现金付讫
合计人民币（大写）陆拾伍元整	￥65.00

财务主管：×××　　审批：×××　　申请人：×××　　出纳：刘浩　　审核：孙立

增值税纳税申报表
（一般纳税人适用）

根据国家税收法律法规及增值税相关规定制定本表。纳税人不论有无销售额，均应按税务机关核定的纳税期限填写本表，并向当地税务机关申报。

税款所属时间：自××××年11月1日至××××年11月30日　　填表日期：××××年12月15日　　金额单位：元至角分

23-1

纳税人识别号	9□□□□□□□□□□□□□□□0		所属行业：酿酒制造业	
纳税人名称	金华市五湖机械有限公司（公章）	法定代表人姓名	王平	注册地址	金华婺城区有限公司	生产经营地址	长安里888号
开户银行及账号	工行长安里支行 1330710499514	登记注册类型			电话号码	

项目	栏次	一般项目		即征即退项目	
		本月数	本年累计	本月数	本年累计
销售额	（一）按适用税率计税销售额	1	1 912 560.00			
	其中：应税货物销售额	2	1 912 560.00			
	应税劳务销售额	3				
	纳税检查调整的销售额	4				
	（二）按简易办法计税销售额	5				
	其中：纳税检查调整的销售额	6				
	（三）免、抵、退办法出口销售额	7				
	（四）免税销售额	8				
	其中：免税货物销售额	9				
	免税劳务销售额	10				
税款计算	销项税额	11	325 135.20			
	进项税额	12	122 785.20			
	上期留抵税额	13				

续表

	项　目	栏次	一般项目 本月数	一般项目 本年累计	即征即退项目 本月数	即征即退项目 本年累计
税款计算	进项税额转出	14	1 700.00			
	免、抵、退应退税额	15				
	按适用税率计算的纳税检查应补缴税额	16				
	应抵扣税额合计	17=12+13-14-15+16				
	实际抵扣税额	18（如17<11,则为17,否则为11）				
	应纳税额	19=11-18	200 650.00			
	期末留抵税额	20=17-18				
	简易计税办法计算的应纳税额	21				
	按简易计税办法计算的纳税检查应补缴税额	22				
	应纳税额减征额	23				
	应纳税额合计	24=19+21-23	200 650.00			
税款缴纳	期初未缴税额（多缴为负数）	25				
	实收出口开具专用缴款书退税额	26				
	本期已缴税额	27=28+29+30+31				
	①分次预缴税额	28				
	②出口开具专用缴款书预缴税额	29				
	③本期缴纳上期应纳税额	30				
	④本期缴纳欠缴税额	31				

续表

	项　目	栏次	一般项目 本月数	一般项目 本年累计	即征即退项目 本月数	即征即退项目 本年累计
税款缴纳	期末未缴税额（多缴为负数）	32＝24＋25＋26－27				
	其中：欠缴税额（≥0）	33＝25＋26－27				
	本期应补(退)税额	34＝24－28－29	200 650.00			
	即征即退实际退税额	35				
	期初未缴查补税额	36				
	本期入库查补税额	37				
	期末未缴查补税额	38＝16＋22＋36－37				
授权声明	如果你已委托代理人申报，请填写下列资料：为代理一切税务事宜，现授权孙立为本纳税人的代理申报人，任何与本申报表有关的往来文件，都可寄予此人。 授权人签字：王平					
申报人声明	本纳税申报表是根据国家税收法律法规及相关规定填报的，我确定它是真实的，可靠的，完整的。 声明人签字：孙立					

主管税务机关：金华市国税局婺城税务分局　　接收人：刘刚　　接收日期：××××年12月15日

23-2

国内业务付款回单

客户号：115199886	日期：××××年12月15日
付款人账号：81451058675081002	收款人账号：
付款人名称：金华市五湖机械有限公司	收款人名称：国家金库金华市中心金库
付款人开户行：工行长安里支行	收款人开户行：
金额：CNY200 650.00	
人民币贰拾万零陆佰伍拾元整	

业务种类：实时缴税		业务编号：98649294		凭证号码：2017011409224363	
纳税人识别号：913307101995141601		缴款书交易流水号：19326853		税票号码：320170115670137200	
征收机关名称：金华市国家税务局婺城税务分局				所属日期：××××/11/01-11/30	
税（费）种名称：增值税					
附言：自助打印，请避免重复					
交易机构：27169	交易渠道：其他		交易流水号：659896798-831		

回单编号：××××1209965483268	回单验证码：687L6PUTR9KT

打印时间：14:20:46　　打印次数：

（中国工商银行股份有限公司 金华市长安里支行 业务专用章 3YBR2PYA KEW9LKHD）

24-1

浙江省地方税（费）纳税综合申报表

填报日期××××年12月16日

纳税人全称	金华市五湖机械有限公司（盖章）		纳税人识别号	913307101995141601	注册类型	有限责任公司	财务负责人	孙立
营业地址			开户银行	工行长安里支行	银行账号	81451058675081002	电话号码	
税（费）种	所属期限	应税收入	计税依据	免税收入	税（费）率	应纳税（费）额	已纳税额	应补（退）税额
城建税	11月		200 650.00		7%	14 045.50		14 045.50
教育费附加	11月		200 650.00		3%	6 019.50		6 019.50
地方教育费附加	11月		200 650.00		2%	4 013.00		4 013.00
印花税	11月		略			2 000.00		2 000.00
企业社保费	11月		220 006.80		18.5%	40 701.26		40 701.26
个人社保费	11月		略		11%	49 507.00		49 507.00
个人所得税	11月		略			2 767.00		2 767.00
合计	—	—	—	—	—	119 053.26		119 053.26
纳税人声明	本单位（公司、个人）所申报的各种税费款真实、准确，如有虚假内容，愿承担法律责任。法人代表（业主）签名：王平　××××年12月16日		我（公司）现授权孙立为本纳税人的代理申报人，其法人代表电话任何与申报有关的往来的文件，都可寄此代理机构。委托代理合同号码：授权人（法人代表、业主）签名：王平　××××年12月16日			本纳税申报表是按照国家税法和税务机关规定填报，我确信其真实、合法。代理人（法人代表）签名：经办人签名：孙立（代理人盖章）××××年12月16日		备注

企业（业主）财务负责人或税务代理人签名：孙立　　企业（业主）会计主管或税务代理主管签名：　　填表人签名：孙立

24-2

国内业务付款回单

客户号：115199886　　　　　　　　　　　日期：××××年12月16日
付款人账号：81451058675081002　　　　 收款人账号：
付款人名称：金华市五湖机械有限公司　　　收款人名称：国家金库金华市中心金库
付款人开户行：工行长安里支行　　　　　 收款人开户行：
金额：CNY119 053.26
人民币壹拾壹万玖仟零伍拾叁元贰角陆分

业务种类：实时缴税费　　业务编号：98649324　　凭证号码：2017011409224364
纳税人识别号：913307101995141601　　缴款书交易流水号：19324354　　税票号码：320170114000137201
征收机关名称：金华市地方税务局婺城税务分局
税（费）种名称：城建税、印花税、教育费附加、地方教育费附加　　所属日期：××××/11/01-11/30
社会保险费、个人所得税
附言：
自助打印，请避免重复
交易机构：27169　　交易渠道：其他　　交易流水号：659896798-832　　经办

回单编号：××××1209965458669　　回单验证码：687L6PUTR9KT

打印时间：15:20:56　　打印次数：

24-3

国内业务付款回单

客户号：115199886　　　　　　　　　　　日期：××××年12月16日
付款人账号：81451058675081002　　　　 收款人账号：
付款人名称：金华市五湖机械有限公司　　　收款人名称：国家金库金华市中心金库
付款人开户行：工行长安里支行　　　　　 收款人开户行：
金额：CNY61.28
人民币陆拾壹元贰角捌分

业务种类：实时缴费　　业务编号：98649324　　凭证号码：2017011409224364
纳税人识别号：913307101995141601　　缴款书交易流水号：19324354　　税票号码：320170114000137201
征收机关名称：金华市地方税务局婺城税务分局
税（费）种名称：滞纳金　　所属日期：××××/11/01-11/30
备注：
附言：
自助打印，请避免重复
交易机构：27169　　交易渠道：其他　　交易流水号：659896798-832　　经办

回单编号：××××1209965458669　　回单验证码：687L6PUTR9KT

打印时间：15:20:56　　打印次数：

25-1

入 库 单

收货仓库：仓库　　　　　　　　　　××××年12月16日

类别	编号	名称型号	单位	应收数量	实收数量	单位成本	金额
产品		甲产品	台		100		
产品		乙产品	台		60		
		合计					

负责人：　　　　　经发：　　　　　　　　保管：黄改云　　　　　填单：×××

第三联 财务记账

26-1

固定资产处置申请单

固定资产编号：089　　　　　　××××年12月16日　　　　　固定资产卡账号：45

固定资产名称	规格型号	单位	数量	预计使用年限	原值	已提折旧	备注
海尔空调	KFRD-50LW	台	1	10	4 000.00	2 500.00	出售
使用部门	行政办公室							
固定资产状况及处置原因	闲置未用						

处理意见	使用部门	技术鉴定小组	固定资产管理部门	主管部门审批
	申请出售	同意	同意出售	同意出售 王政

27-1

浙江省增值税普通发票

3307028870　　　　　　　　　　　　　　　　　　　　　　　　　No 08878866

此联不作报销凭证使用　　开票日期：××××年12月16日

检验码　72394 82033 11307 96358

购货单位	名称：金华静安有限公司 纳税人识别号：33015681416856 地址、电话：金华市将军路188号　84667096 开户行及账号：建行将军路支行 3205697769	密码区	<6>958317<*4+-5+1327+-7/*64 >2115994831/9258<99/<984396 0302126<0871<9943*/3750<+-7 /*64>2115994831771/*78779>95

货物或应税劳务、服务名称	规格型号	单位	数量	单价	金额	税率	税额
原材料	C材料	吨	1	3418.80	3418.80	17%	581.20
合计					¥3418.80	17%	¥581.20

价税合计（大写）	肆仟元整	（小写）¥4 000.00

销货单位	名称：金华市五湖机械有限公司 纳税人识别号：913307101995141601 地址、电话：金华市长安里888号 开户行及账号：工行长安里支行 81451058675081002	备注	网络发票号为：335376846256 查验比对：您可通过 www.zjtax.gov.cn 或纳税服务平台查验比对发票内容和税务局申报内容是否一致，以免不一致造成的后果

收款人：　　　　复核：　　　　开票人：刘浩　　　　销货单位：（章）

27-2

出　库　单

发货仓库：仓库　　　　　　　　　　　　　　　　　　　　　　　第　号
提货单位：金华静安有限公司　　××××年12月16日

类别	编号	名称型号	单位	应发数量	实发数量	单位成本	金额
原材料		C材料	吨	1	1		
		合计					

负责人：　　　　经发：　　　　保管：黄改云　　　　填单：

27 - 3

国内业务收款回单

客户号：123199886　　　　　　　　　　　　日期：××××年12月16日
收款人账号：81451058675081002　　　　　付款人账号：33015681416856
收款人名称：金华市五湖机械有限公司　　　付款人名称：金华静安有限公司
收款人开户行：工行长安里支行　　　　　　付款人开户行：建行将军路支行
金额：CNY4 000.00
人民币肆仟元整

业务种类：银行转账　　　业务编号：65186873　　　凭证号码：
用途：货款
备注：
附言：
自助打印，请避免重复
交易机构：27669　　　交易渠道：网上银行　　　交易流水号：612405628-602

回单编号：××××1223266925168　　　回单验证码：687L6PUTR9KT　　　打印时间：打印次数：
打印时间：××××-12-16　10:50:10

（中国工商银行股份有限公司 金华市长安里支行 业务专用章 3YBR2PYA KEW9LKHD）

---

28 - 1

财产清查报告单

××××年12月16日　　　　　　　　　　金额单位：元

编号	财产名称规格	单位	单价	账面数量	实物数量	盘盈数量	盘盈金额	盘亏数量	盘亏金额	盘亏原因
	A原材料	吨						7.5	32 812.5	被盗
	C原材料	吨						0.5	1 571.43	被盗
	D原材料	吨						0.5	833.34	被盗

备注：批准核销（保管员：黄改云赔偿 400 元）

主管：汤思飞　　　　复核：邓进　　　　制表：黄改云

第二联 财务联

29-1

金华证券中央登记结算公司
金华证券红庙营业所

成交过户交割凭证

卖××××年12月16日成交过户交割凭单	
公司代码：12345 股东账号：12345678 资金账号：666 股东名称：金华市五湖机械有限公司	证券名称：紫光股份 成交数量：6 000 成交价格：61 580.00 成交金额：￥61 580.00
申请编号：763 申请时间： 资金前余额： 资金余额： 证券前余额： 本次余额：	标准佣金：49.26 过户费：1 印花税：61.58 附加费用：5.0 其他费用：12.36 实际收付金额：￥61 450.8
备注：股票买卖	

30-1

公司董事会决议

　　公司于××××年12月16日召开董事会议，公司高层管理人员列席了会议。经与会董事审议，批准了公司关于向中国工商银行金华长安里支行申请流动资金借款的议案。决定向长安里支行申请借款20万元人民币，用于公司的生产经营，期限为9个月。

金华市五湖机械有限公司董事会
××××年十二月十六日

30-2

贷款凭证（收账通知）

××××年12月16日

贷款单位	金华市五湖机械有限公司	种类	短期	贷款记账号	工行长安里支行 81451058675081002									
金额 人民币（大写）		贰拾万元整				千	百	十	万	千	百	十	元	角	分
								¥	2	0	0	0	0	0	0
用途	流动资金周转借款	单位申请期限 银行核定期限		自××××年×月×日起至××××年×月×日 自××××年12月16日起至××××年6月15日											

上述贷款已核准发放，并已划入你单位账号 月利率：7‰ （中国工商银行股份有限公司 金华市长安里支行 业务专用章 3YBR2PYA KEW9LKHD）	单位会计分录
	收入
	付出
	复核记账
	主管会计

31-1

入 库 单

收料部门：仓库　　　　　××××年12月16日　　　　　收字第　号

种类	编号	名称	规格	数量	单位	单价	成本总额								
							千	百	十	万	千	百	十	元	角	分
材料		A原材料	ZD0001	115	吨	4 347.83		5	0	0	0	0	0	0	0
材料		B原材料	YD0001	40	吨	3 750.00			1	5	0	0	0	0	0	0
备注							¥	6	5	0	0	0	0	0	0

负责人：孙立　　　　记账：李涛　　　　验收：张华　　　　填单：刘为

第三联财务记账

32-1

3307028870

浙江省增值税普通发票

No08878867

此联不作报销凭证使用　开票日期：××××年12月16日

检验码　72394 82033 11307 96358

购货单位	名称：金华废旧物资经营有限公司	密码区	<6>958317<*4+-5+1327+-7/*64 >2115994831/9258<99/<984396 0302126<0871<9943*/3750<+-7 /*64>2115994831771/*78779>95
	纳税人识别号：33015681416396		
	地址、电话：金华市解放路70号 84667679		
	开户行及账号：建行解放路支行 3205779069		

货物或应税劳务、服务名称	规格型号	单位	数量	单价	金额	税率	税额
报废设备X-63型		千克	1 000		854.70	17%	145.30
合计					￥854.70	17%	￥145.30

价税合计（大写）　壹仟元整　　　　　　　　　　　　　　（小写）￥1 000.00

销货单位	名称：金华市五湖机械有限公司	备注	网络发票号为：335376846256
	纳税人识别号：913307101995141601		查验比对：您可通过www.zjtax.gov.cn或纳税服务平台查验比对发票内容和税务局申报内容是否一致，以免不一致造成的后果
	地址、电话：金华市长安里888号		
	开户行及账号：工行长安里支行 81451058675081002		

收款人：　　　复核：　　　开票人：刘浩　　　销货单位：（章）

32-2

国内业务收款回单

客户号：123199886　　　　　　　　　　日期：××××年12月16日
收款人账号：81451058675081002　　　　付款人账号：45663205779069
收款人名称：金华市五湖机械有限公司　　付款人名称：金华废旧物资经营有限公司
收款人开户行：工行长安里支行　　　　　付款人开户行：建行解放路支行
金额：CNY1 000.00
人民币壹仟元整

业务种类：银行转账　　业务编号：65085873　　凭证号码：
用途：货款
备注：
附言：
自助打印，请避免重复
交易机构：27679　　交易渠道：网上银行　　交易流水号：612421428-692　　经办：

回单编号：××××1223266620168　　回单验证码：687L6PUTR9KT
打印时间：××××-12-16　10:50:10　　打印时间：　打印次数：

33－1

中国工商银行
现金支票存根

支票号码：XII 3576804
科目：
对方科目：
签发日期：××××年12月17日

| 收款人：孙立 |
| 金额：￥8 000.00 |
| 用途：备用金 |
| 备注 |

单位主管： 　　　　　会计：

34－1

中国工商银行转账支票（浙）　　金华 NO0006570

出票人日期（大写）××××年壹拾贰月壹拾柒日
收款人：金华市五湖机械有限公司

付款行名称：工行南海支行
出票人账号：3205637123

	亿	千	百	十	万	千	百	十	元	角	分
人民币（大写）壹拾伍万元整				￥	1	5	0	0	0	0	0

用途 货款
上列款项请从
我账户内支付
出票人签章

科目（借）
对方科目（贷）
转账日期　　　年　月　日
复核　　　　　　　记账

本支票付款期限十天

34-2

背书凭证

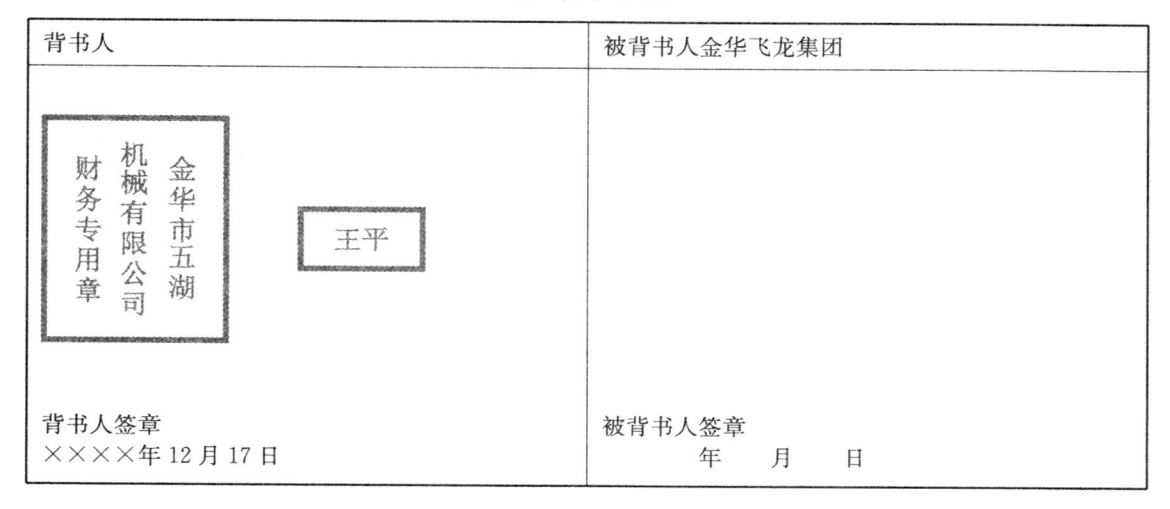

背书人	被背书人 金华飞龙集团
[金华市五湖机械有限公司财务专用章]　王平	
背书人签章 ××××年12月17日	被背书人签章 　　年　月　日

35-1

中国工商银行银行汇票申请书(存根)　1

申请日期××××年12月17日　　　　　第　号

申请人	金华市五湖机械有限公司	收款人	江苏江华集团
账号或住址	20050410	账号或住址	81451058675081002
用途	预付购货款	代理付款行	工行长安里支行
汇票金额	人民币(大写)	壹拾陆万柒仟元整	千百十万千百十元角分 ¥　1 6 7 0 0 0 0 0

上列款项请从我账户内支付	科目(借)：
申请人盖章　[金华市五湖机械有限公司财务专用章]	对方科目(贷)：
	转账日期：　　年　月　日
	复核：　　　　记账：

此联申请人保留

35－2

国内业务付款回单

客户号：115199886　　　　　　　　　　　　　　　日期：××××年12月17日
付款人账号：81451058675081002
付款人名称：金华市五湖机械有限公司
付款人开户行：工行长安里支行
金额：CNY5.85
人民币伍元捌角伍分

业务种类：收费　　　业务编号：　　　凭证号码：
用途：转账汇款手续费
附言：
自助打印，请避免重复
交易机构：27169　　　交易渠道：网上银行　　　交易流水号：659896798－881　　　经办

回单编号：××××1209966458668　　　回单验证码：687L6PUTR9KT

打印时间：15:20:46　　　打印次数：

（中国工商银行股份有限公司 金华市长安里支行 业务专用章 3YBR2PYA KEW9LKHD）

36－1

借　款　单

××××年12月17日

借款部门	市场部	职别	职员	出差人姓名	李明
借款事由	商务出差西安					
借款金额人民币（大写）	贰仟元整				￥2 000.00
批准人	王政	部门负责人	刘一明	财务负责人	孙立

收款人：李明

36－2

国内业务付款回单

客户号：115199886　　　　　　　　　　　　　　　日期：××××年12月17日
付款人账号：81451058675081002　　　　　　　　　收款人账号：622081242045276341
付款人名称：金华市五湖机械有限公司　　　　　　　收款人名称：李明
付款人开户行：工行长安里支行　　　　　　　　　　收款人开户行：工商文化路支行
金额：CNY2 000.00
人民币贰仟元整

业务种类：转账支出　　　业务编号：65305294　　　凭证号码：
用途：差旅费
备注：
附言：
自助打印，请避免重复
交易机构：27669　　　交易渠道：网上银行　　　交易流水号：659861198－881　　　经办

回单编号：××××1209965132168　　　回单验证码：687L6PUTR9KT　　　打印时间：打印次数：

打印时间：××××-12-17　10:20:46

（中国工商银行股份有限公司 金华市长安里支行 业务专用章 3YBR2PYA KEW9LKHD）

37－1

出 库 单

发货仓库：仓库
领料部门：基本生产车间　　　××××年12月17日　　　　　　　第　号

类别	编号	名称型号	单位	应发数量	实发数量	单位成本	金额
材料		A原材料	吨	70	70		
材料		B原材料	吨	65	65		
材料		C原材料	吨	65	65		
材料		D原材料	吨	30	30		
		合计					

负责人：　　　　　经发：徐克　　　　保管：黄改云　　　　填单：刘胜

第三联 财务记账

38－1

浙江省医疗门诊收费票据

票据代码：31101　　　　　　　　　　　　　　　　　　No1099075804
病历号：00201653　　　　　　医疗机构类型：

姓名：马莉	性别：女	医保类型：

社会保障号码：

项目/规格	类	数量	金额	自理自费（%）
三七片	甲	20 包	62.4	
·	·	·	·	·
·	·	·	·	·
·	·	·	·	·
·	·	·	·	·
伤湿止痛片	乙	200 包	22.00	

****

合计（大写）：叁仟伍佰元整　　　　　　　　　　　　　¥：3 500.00

现金支付		¥：3 500.00
个人账户	本年支付 历年支付	本年余额 历年余额
医保账户		

收款单位（章）：　　　　收款人（签章）：李建　　　××××年12月17日

第二联 收据联 盖章有效 遗失不补

38-2

金华市五湖机械有限公司医药费报销单

××××年12月17日　　　　　　　　　　工号：

职工姓名	马莉	家属姓名		与职工关系	
病由		略		附件	1　张
医药费金额：¥3 500.00		报销率100%	现金付讫		
实际报销金额（大写）叁仟伍佰元整					

领导批示：同意王平 12.17　　　　保健站意见：同意李健　12.17　　　报销人：马莉

39-1

3301204521

浙江省增值税普通发票

No08876662

发票联

开票日期：××××年12月17日

检验码　72394 82033 11307 96345

购货单位	名称：金华市五湖机械有限公司 纳税人识别号：913307101995141601 地址、电话：金华市长安里888号 开户行及账号：工行长安支行 81451058675081002	密码区	<6>958317<*4+-5+1327+-7/*64 >2115994831/9258<99/<984396 0302126<0871<9943*/3750<+-7 /*64>2115994831771/*65398>95

货物或应税劳务、服务名称	规格型号	单位	数量	单价	金额	税率	税额
食宿费用					2 358.49	6%	141.51
合计					¥2 358.49	6%	¥141.51

价税合计（大写）	贰仟伍佰元整		（小写）¥2 500.00

销货单位	名称：金华兴业酒店 纳税人识别号：330147454144677 地址、电话：金华市广场路20号 开户行及账号：工行广场支行 81451058675555822	备注	网络发票号为：33537084031 查验比对：您可通过www.zjtax.gov.cn或 纳税服务平台查验比对发票内容和税务局 申报内容是否一致，以免不一致造成的 后果

收款人：　　　　复核：　　　　开票人：胡胜利　　　　销货单位：(章)

39-2

国内业务付款回单

客户号：115199886　　　　　　　　　　　日期：××××年12月17日
付款人账号：81451058675081002　　　　收款人账号：42039796348
付款人名称：金华市五湖机械有限公司　　收款人名称：金华兴业酒店
付款人开户行：工行长安里支行　　　　　收款人开户行：工行广场支行
金额：CNY2 500.00
人民币贰仟伍佰元整

业务种类：转账支出　　　业务编号：65248994　　　凭证号码：
用途：食宿费用
备注：
附言：
自助打印，请避免重复
交易机构：27629　　　交易渠道：网上银行　　　交易流水号：669836798-889

回单编号：××××1209965466668　　回单验证码：687L6PUTR9KT9

打印时间：10:20:46　　　打印次数：

（印章：中国工商银行股份有限公司 金华市长安里支行 业务专用章 3YBR2PYA KEW9LKHD 经办）

40-1

金华市五湖机械有限公司工资结算汇总表

××××年11月30日

编号	部门	基本工资	津贴	奖金	缺勤应扣 事假	缺勤应扣 迟到早退	应付工资	代扣款项 代扣个税	代扣款项 代扣社保费	实发工资
1	行政办公室	28 000.00	3 000.00	5 080.00	0.00	0.00	36 080.00	660.00	3 080.00	32 340.00
2	人力资源部	15 000.00	1 400.00	2 350.00	0.00	0.00	18 750.00	336.00	1 650.00	16 764.00
3	财务部	21 000.00	1 900.00	3 110.00	0.00	0.00	26 010.00	416.00	2 310.00	23 284.00
4	销售机构	20 000.00	1 820.00	4 000.00	0.00	20.00	25 800.00	380.00	2 200.00	23 220.00
5	研发中心	6 000.00	420.00	1 960.00	0.00	20.00	8 360.00	252.00	660.00	7 448.00
6	车间生产人员	355 700.00	2 800.00	64 127.00	500.00	0.00	422 127.00	558.00	39 127.00	382 452.00
7	车间管理人员	9 000.00	700.00	3 190.00	0.00	0.00	12 890.00	282.00	990.00	11 628.00
	合计	454 700.00	12 040.00	83 817.00	500.00	40.00	550 017.00	2 864.00	50 017.00	497 136.00

审核：孙立　　　　　部门负责人：孙立　　　　　制表：张晶

40－2

中国工商银行
转账支票存根

支票号码：Ⅻ 41518
科目：
对方科目：
签发日期：××××年12月18日

收款人：金华市五湖机械有限公司
金额：¥497 136.00
用途：支付11月份工资
备注：

单位主管：　　　　　　会计：

41－1

3307023689

浙江省增值税专用发票

No08871260

此联不作报销、抵扣凭证使用　开票日期：××××年12月18日

检验码　72394 82033 11307 96358

购货单位	名称：江苏泰和有限责任公司 纳税人识别号：32010578624167 地址、电话：苏州市江大路2号　84667188 开户行及账号：建行江大支行 3205637123	密码区	<6>958317<*4+-5+1327+-7/*64 >2115994831/9258<99/<984396 0302126<0871<9943*/3750<+-7 /*64>2115994831771/*78779>95

货物或应税劳务、服务名称	规格型号	单位	数量	单价	金额	税率	税额
甲产品		台	80	7 500.00	600 000.00	17%	102 000.00
合计					¥600 000.00	17%	¥102 000.00

价税合计（大写）	柒拾万零贰仟元整	（小写）¥702 000.00

销货单位	名称：金华市五湖机械有限公司 纳税人识别号：91330710199514160l 地址、电话：金华市长安里888号 开户行及账号：工行长安里支行 81451058675081002	备注	网络发票号为：335376846256 查验比对：您可通过www.zjtax.gov.cn或纳税服务平台查验比对发票内容和税务局申报内容是否一致，以免不一致造成的后果

收款人：　　　　复核：　　　　开票人：周云丽　　　　销货单位：（章）

41-2

出 库 单

发货仓库：仓库　　　　　　　　　　　　　　　　　　　　　　　　　　　　第　号
提货单位：江苏泰和有限责任公司　　××××年12月18日

类别	编号	名称型号	单位	应发数量	实发数量	单位成本	金额
产品		甲产品	台	80	80		
		合计					

负责人：　　　　　经发：　　　　　　保管：黄改云　　　　　填单：×××

第三联财务记账

41-3

付款期限 贰个月

中国建设银行

银行汇票　　2

汇票号码
第　号

出票日期(大写)：××××年壹拾贰月壹拾陆日	代理付款行：建行青年路支行 行号：21035021568

收款人：金华市五湖机械有限公司

出票金额　人民币(大写)柒拾万零贰仟元整

实际结算金额	人民币(大写)	柒拾万零贰仟元整	千 百 十 万 千 百 十 元 角 分
			¥ 7 0 2 0 0 0 0 0

申请人：江苏泰和有限责任公司　　账号或住址：3205637123
出票人：建行江大支行　　行号：
备注：
凭票付款

密押	科目(借)	谢华
多余金额	对方科目(贷)	
千 百 十 万 千 百 十 元 角 分	兑付日期　年　月　日	
出票行签章	复核　　　记账	

中国建设银行 汇票专用章

此联代理付款后作联行记账借方凭证附件

第五章 模拟经济业务会计凭证资料　　　　　　　　　　117

41－4

| 付款期限 贰个月 | 中国建设银行 银行汇票解讫通知 | 汇票号码 第　号 |

出票日期（大写）：××××年壹拾贰月壹拾陆日　　　代理付款行：建行青年路支行
　　　　　　　　　　　　　　　　　　　　　　　　　行号：21035021568

收款人：金华市五湖机械有限公司

出票金额：人民币（大写）柒拾万零贰仟元整

实际结算金额 人民币（大写）：柒拾万零贰仟元整　￥702000.00（千百十万千百十元角分）

申请人：江苏泰和有限责任公司　　账号或住址：3205637123

出票人：建行江大支行　　行号：

备注：代理付款行盖章

（中国建设银行 汇票专用章）

密押：谢华　　多余金额

科目（借）：
对方科目（贷）：
兑付日期：　年　月　日

复核：　经办：　　　　　　　　　　　　　　复核　记账

此联代理付款行兑付后随报单寄出行票　　由出票行作多余额贷方凭证

41－5

国内业务收款回单

客户号：123199886　　　　　　　　　　　　日期：××××年12月16日
收款人账号：81451058675081002　　　　　　付款人账号：32022598006123
收款人名称：金华市五湖机械有限公司　　　　付款人名称：江苏泰和有限责任公司
收款人开户行：工行长安里支行　　　　　　　付款人开户行：建行江大支行
金额：CNY702 000.00
人民币柒拾万零贰仟元整

业务种类：兑现银行汇票　　业务编号：65185873　　凭证号码：
用途：货款
备注：
附言：自助打印,请避免重复
交易机构：27669　　交易渠道：网上银行　　交易流水号：612405428-602

回单编号：××××1223266920168　　回单验证码：687L6PUTR9KT　　打印时间：　打印次数：

打印时间：××××-12-16　10:50:10

（中国工商银行股份有限公司 金华市长安里支行 业务专用章 3YBR2PYA KEW9LKHD）

42-1

金华证券中央登记结算公司
金华证券红庙营业所
成交过户交割凭证

买××××年12月18日　　　　　　　　　　　　　　　　成交过户交割凭单

股东编号：A129626400（存）	成交证券：大华股份
电脑编号：548167	成交数量：10 000
公司代码：975	成交价格：10.00
申请编号：888	成交金额：100 000.00
申报时间：15:16:42	标准佣金：400.00
成交时间：15:17:10	过户费用：5.00
上次余额（股）：	印花税：500.00
本次成交：10 000	应付金额：100 905.00
本次余额：5 000	附加费用：0.00
本次库存：5 000	实付金额：100 905.00

经办单位：　　　　　　　　　　　客户签章：赵方

编者注：开立股票资金户有关业务及手续略，分类为交易性金融资产。

43-1

3301204521　　　**江苏省增值税专用发票**　　　No08876662

发票联　　　开票日期：××××年12月18日

检验码　72394 82033 11307 96345

购货单位	名称：金华市五湖机械有限公司	密码区	<6>958317<*4+-5+1327+-7/*64 >2115994831/9258<99/<984396 0302126<0871<9943*/3750<+-7 /*64>2115994831771/*65398>95
	纳税人识别号：913307101995141601		
	地址、电话：金华市长安里888号		
	开户行及账号：工行长安里支行 81451058675081002		

货物或应税劳务、服务名称	规格型号	单位	数量	单价	金额	税率	税额
材料	D材料	吨	30	2 520.00	75 600.00	17%	12 852.00
合计					¥75 600.00		¥12 852.00

价税合计（大写）	捌万捌仟肆佰伍拾贰元整	（小写）¥88 452.00

销货单位	名称：江苏电子机械厂	备注	网络发票号为：335336846311 查验比对：您可通过www.zjtax.gov.cn或 纳税服务平台查验比对发票内容和税务局 申报内容是否一致，以免不一致造成的后果
	纳税人识别号：420563426735637		
	地址、电话：苏州市五里路23号		
	开户行及账号：工商银行五里支行 42045276341		

收款人：　　　　复核：　　　　开票人：胡一　　　　销货单位：（章）

43-2

江苏省增值税专用发票

3301204521　　　　　　　　　　　　　　　　　　　　　　　　No08876662

抵扣联

开票日期：××××年12月18日

检验码　72394 82033 11307 96345

购货单位	名称：金华市五湖机械有限公司 纳税人识别号：913307101995141601 地址、电话：金华市长安里888号 开户行及账号：工行长安里支行 81451058675081002	密码区	<6>958317<*4+-5+1327+-7/*64 >2115994831/9258<99/<984396 0302126<0871<9943*/3750<+-7 /*64>2115994831771/*65398>95

货物或应税劳务、服务名称	规格型号	单位	数量	单价	金额	税率	税额
材料	D材料	吨	30	2 520.00	75 600.00	17%	12 852.00
合计					¥75 600.00	6%	¥12 852.00

价税合计（大写）　捌万捌仟肆佰伍拾贰元整　　　　　　　　　　（小写）¥88 452.00

销货单位	名称：江苏电子机械厂 纳税人识别号：420563426735637 地址、电话：苏州市五里路23号 开户行及账号：工商银行五里支行 42045276341	备注	网络发票号为：335326846311 查验比对：您可通过www.zjtax.gov.cn或 纳税服务平台查验比对发票内容和税务局 申报内容是否一致，以免不一致造成的 后果

收款人：　　　　　　复核：　　　　　　开票人：胡一　　　　　　销货单位：（章）

第一联抵扣联：购货方抵扣凭证

43-3

入　库　单

收料部门：仓库　　　　　××××年12月18日　　　　　收字第　　号

种类	编号	名称	规格	数量	单位	单价	成本总额							
							千	百	十	万	千	百	十	元	角	分
材料		D材料		30	吨	2 520.00			7	5	6	0	0	0	0
备注							¥		7	5	6	0	0	0	0

负责人：孙立　　　记账：李涛　　　验收：张华　　　填单：刘为

第三联财务记账

44－1

中国工商银行
现金支票存根

支票号码：XII 3576804
科目：
对方科目：
签发日期：××××年12月18日

| 收款人：金华市五湖机械有限公司 |
| 金额：¥5 000.00 |
| 用途：备用 |
| 备注： |

单位主管：　　　　　　　　会计：

45－1

3301244591

浙江省增值税专用发票

No08875571

发票联

开票日期：××××年12月18日

检验码　72394 82033 11307 96345

购货单位	名称：金华市五湖机械有限公司 纳税人识别号：913307101995141601 地址、电话：金华市长安里888号 开户行及账号：工行长安里支行81451058675081002	密码区	<6>958317<*4+-5+1327+-7/*64 >2115994831/9258<99/<984396 0302126<0871<9943*/3750<+-7 /*64>2115994831771/*65398>95

货物或应税劳务、服务名称	规格型号	单位	数量	单价	金额	税率	税额
财产保险费					1 018.87	6%	61.13
合计					¥1 018.87	6%	¥61.13

价税合计（大写）　　壹仟零捌拾元整　　　　　　　　　　（小写）¥1 080.00

销货单位	名称：中国太平洋保险公司金华分公司 纳税人识别号：330147455679655467 地址、电话：金华市和平路9号 开户行及账号：工行和平支行81451058675555822	备注	网络发票号为：335376846311 查验比对：您可通过www.zjtax.gov.cn或 纳税服务平台查验比对发票内容和税务局 申报内容是否一致，以免不一致造成的 后果

收款人：　　　　　复核：　　　　　开票人：胡海利　　　　　销货单位：（章）

45-2

浙江省增值税专用发票

3301244591　　　　　　　　　　　　　　　　　　　　　　　　No08875571

抵扣联

开票日期：××××年12月18日

检验码　72394 82033 11307 96345

购货单位	名称：金华市五湖机械有限公司	密码区	<6>958317<*4+-5+1327+-7/*64 >2115994831/9258<99/<984396 0302126<0871<9943*/3750<+-7 /*64>2115994831771/*65398>95
	纳税人识别号：913307101995141601		
	地址、电话：金华市长安里888号		
	开户行及账号：工行长安里支行 81451058675081002		

货物或应税劳务、服务名称	规格型号	单位	数量	单价	金额	税率	税额
财产保险费					1 018.87	6%	61.13
合计					￥1 018.87	6%	￥61.13

价税合计（大写）　壹仟零捌拾元整　　　　　　　　　　　（小写）￥1 080.00

销货单位	名称：中国太平洋保险公司金华分公司	备注	网络发票号为：335336846311 查验比对：您可通过www.zjtax.gov.cn或 纳税服务平台查验比对发票内容和税务局 申报内容是否一致，以免不一致造成的 后果
	纳税人识别号：3301474556796555467		
	地址、电话：金华市和平路9号		
	开户行及账号：工行和平支行 81451058675555822		

收款人：　　　复核：　　　开票人：胡海利　　　销货单位：（章）

45-3

国内业务付款回单

客户号：115199886　　　　　　　　　　　　日期：××××年12月18日
付款人账号：81451058675081002　　　　　　收款人账号：81451058675555822
付款人名称：金华市五湖机械有限公司　　　　收款人名称：中国太平洋保险公司金华分公司
付款人开户行：工行长安里支行　　　　　　　收款人开户行：工行和平支行
金额：CNY1 080.00
人民币壹仟零捌拾元整

业务种类：转账支出　　　业务编号：65245563　　　凭证号码：
用途：财产保险费
备注：
附言：
自助打印,请避免重复
交易机构：27669　　　交易渠道：网上银行　　　交易流水号：659866898-662

回单编号：××××1218965422668　　　回单验证码：687L6PUTR9KT　　打印时间：打印次数：
打印时间：××××-12-18　10:50:10

3YBR2PYA
KEW9LKHD

46-1

3301256823

浙江省增值税普通发票

No 08876557

发票联

开票日期：××××年12月19日

检验码 72394 82033 11307 96345

购货单位	名称：金华市五湖机械有限公司 纳税人识别号：913307101995141601 地址、电话：金华市长安里888号 开户行及账号：工行长安里支行 81451058675081002	密码区	<6>958317<*4+-5+1327+-7/*64 >2115994831/9258<99/<984396 0302126<0871<9943*/3750<+-7 /*64>2115994831771/*65398>95
货物或应税劳务、服务名称 培训费 合计	规格型号	单位	数量	单价	金额 754.72 ¥754.72	税率 6% 6%	税额 45.28 ¥45.28
价税合计（大写）	捌佰元整					（小写）¥800.00
销货单位	名称：金华市职业培训中心 纳税人识别号：913301474556796884 地址、电话：金华市吴东路9号 开户行及账号：工行吴东支行 81451058675525821	备注	网络发票号为：335330846311 查验比对：您可通过www.zjtax.goy.cn或 纳税服务平台查验比对发票内容和税务局 申报内容是否一致，以免一致造成的 后果

收款人： 复核： 开票人：赵海 销货单位：（章）

46-2

支出证明单

××××年12月19日

附件共1张

支出科目	摘要	金额	备注
		万 千 百 十 元 角 分	
培训费	支付培训费	8 0 0 0 0	
		现金付讫	
合计（大写）：捌佰元整			¥800.00

核准：王政　　复核：孙立　　证明人：张利　　经手：刘飞明

47－1

金华市五湖机械有限公司
关于同意转销无法支付前欠货款的批复

财务部：

你部《关于转销无法支付前欠上海天意商贸公司货款的请示》已经获悉。经核定，由于该公司已经破产倒闭事实属实，根据有关财务制度的规定，同意将该应付账款 6 000 元（人民币陆仟元整）转作营业外收入。请按照相关财务制度进行财务处理。

特此批复。

金华市五湖机械有限公司
（盖章）
×××年12月19日

48－1

浙江省增值税普通发票　　No08876551

3301253533

发票联　　开票日期：××××年12月19日

检验码　72394 82033 11307 96345

购货单位	名称：金华市五湖机械有限公司 纳税人识别号：913307101995141601 地址、电话：金华市长安里888号 开户行及账号：工行长安里支行 81451058675081002	密码区	＜6＞958317＜*4+-5+1327+-7/*64 ＞2115994831/9258＜99/＜984396 0302126＜0871＜9943*/3750＜+-7 /*64＞2115994831771/*65398＞95

货物或应税劳务、服务名称	规格型号	单位	数量	单价	金额	税率	税额
餐费					4 113.21	6%	246.79
合计					￥4 113.21	6%	￥246.79
价税合计（大写）	肆仟叁佰陆拾元整					（小写）￥4 360.00	

销货单位	名称：金华饭店 纳税人识别号：913301474556755714 地址、电话：金华市婺西路12号 开户行及账号：工行婺西支行 81451058675589821	备注	网络发票号为：3355/6846311 查验比对：您可通过www.zjtax.gov.cn或纳税服务平台查验比对发票内容和税务局申报内容是否一致，以自行承担不一致造成的后果

收款人：　　复核：　　开票人：吴海　　销货单位（章）

48－2

国内业务付款回单

客户号：115199886　　　　　　　　　　　日期：××××年12月19日
付款人账号：81451058675081002　　　　 收款人账号：81451058675589821
付款人名称：金华市五湖机械有限公司　　 收款人名称：金华饭店
付款人开户行：工行长安里支行　　　　　 收款人开户行：工行婺西支行
金额：CNY4 360.00
人民币肆仟叁佰陆拾元整

业务种类：转账支出　　业务编号：65245873　　凭证号码：
用途：餐饮费
备注：
附言：
自助打印,请避免重复
交易机构：27669　　交易渠道：网上银行　　交易流水号：612456898－682

回单编号：××××1218965429168　　回单验证码：687L6PUTR9KT

打印时间：××××－12－19　10:50:10

（中国工商银行股份有限公司 金华市长安里支行 业务专用章 3YBR2PYA KEW9LKHD）

49－1

出　库　单

发货仓库：仓库　　　　　　　　　　　　　　　　　　　　　第　　号
领料部门：基本生产车间　　××××年12月19日

类别	编号	名称型号	单位	应发数量	实发数量	单位成本	金额
材料		D材料	吨	20	20		
		合计					

负责人：　　　经发：徐克　　　保管：黄改云　　　填单：刘胜

第三联 财务记账

49-2

出 库 单

发货仓库：仓库
领料部门：管理部门　　　××××年12月19日　　　　　　　　　　第　号

类别	编号	名称型号	单位	应发数量	实发数量	单位成本	金额
材料		D材料	吨	1	1		
		合计					

负责人：　　　　　经发：徐克　　　　　保管：黄改云　　　　　填单：刘胜

第三联 财务记账

49-3

出 库 单

发货仓库：仓库
领料部门：销售部门　　　××××年12月19日　　　　　　　　　　第　号

类别	编号	名称型号	单位	应发数量	实发数量	单位成本	金额
材料		D材料	吨	1	1		
		合计					

负责人：　　　　　经发：徐克　　　　　保管：黄改云　　　　　填单：刘胜

第三联 财务记账

50-1

差旅费报销单

××××年12月19日

姓名：李明　　部门：市场部　　出差事由：市场调查　　单据张数 6 张

| 起止日期 |||| 起止地点 | 火车费 | 市内车费 | 住宿费 | 出差补助 ||| 其他 |
月	日	月	日					标准	天数	金额	
12	11	12	12	金华—西安	722.00		1 200.00	180.00	5	900.00	
12	15	12	16	西安—金华	722.00						
				合计	1 444.00		1 200.00		5	900.00	

人民币（大写）：叁仟伍佰肆拾肆元整　　借款：¥2 000.00　　应补（退）：¥1 544.00

审核：王政部门　　　　　主管：刘一明　　　　　财务主管：孙立

50－2

国内业务付款回单

客户号：115199886　　　　　　　　　　　日期：××××年12月19日
付款人账号：81451058675081002　　　　收款人账号：6220812420452763 41
付款人名称：金华市五湖机械有限公司　　收款人名称：李明
付款人开户行：工行长安里支行　　　　　收款人开户行：工商文化路支行
金额：CNY1 544.00
人民币壹仟伍佰肆拾肆元整

业务种类：转账支出　　　业务编号：65308994　　　凭证号码：
用途：差旅费
备注：
附言：
自助打印，请避免重复
交易机构：27669　　　交易渠道：网上银行　　　交易流水号：659862798－881　　经办

回单编号：××××1209965462168　　回单验证码：687L6PUTR9KT　　打印时间：打印次数：

打印时间：××××-12-19　14:20:46

（中国工商银行股份有限公司 金华市长安里支行 业务专用章 3YBR2PYA KEW9LKHD）

51－1

3307023689

浙江省增值税专用发票

No_08871261_

此联不作报销、抵扣凭证使用　　开票日期：××××年12月19日

检验码　72394 82033 11307 96358

购货单位	名称：金华大中华物资经营有限公司 纳税人识别号：911201057836241677 地址、电话：金华市南海路5号　8567488 开户行及账号：工行南海支行 3205637123	密码区	<6>958317<*4+-5+1327+-7/*64 >2115994831/9258<99/<984396 0302126<0871<9943*/3750<+-7 /*64>2115994831771/*78779>95

货物或应税劳务、服务名称	规格型号	单位	数量	单价	金额	税率	税额
乙产品 折扣5% 合计		台	44	11 000.00	484 000.00 24 200.00 ¥459 800.00	17% 17% 17%	82 280.00 4 114.00 ¥78 166.00

价税合计（大写）	伍拾叁万柒仟玖佰陆拾陆元整	（小写）¥537 966.00

销货单位	名称：金华市五湖机械有限公司 纳税人识别号：913307101995141601 地址、电话：金华市长安里888号 开户行及账号：工行长安里支行 81451058675081002	备注	网络发票号为：335376846256 查验比对：您可通过www.zjtax.gov.cn或 纳税服务平台查验比对发票内容和税务局 申报内容是否一致，以免不一致造成的 后果

收款人：　　　复核：　　　开票人：周云丽　　　销货单位：（章）

国税函（××××）×××号　　第三联记账联：销货方记账凭证

51－2

出 库 单

发货仓库：仓库　　　　　　　　　　　　　　　　　　　　　　第　　号
领料部门：金华大中华物资经营有限公司　××××年12月19日

类别	编号	名称型号	单位	应发数量	实发数量	单位成本	金额
产品		乙产品	台	44	44		
		合计					

负责人：　　　　　　经发：　　　　　　保管：黄改云　　　　　填单：×××

第三联 财务记账

51－3

中国工商银行转账支票（浙）　金华 NO0606570

出票日期（大写）××××年壹拾贰月壹拾玖日　　付款行名称：工行南海支行
收款人：金华市五湖机械有限公司　　　　　　　　出票人账号：3205637123

人民币（大写）	伍拾叁万柒仟玖佰陆拾陆元整	亿	千	百	十	万	千	百	十	元	角	分
				¥	5	3	7	9	6	6	0	0

用途 货款　　　　　　　　　　　　　　　科目（借）
上列款项请从　　　　　　　　　　　　　对方科目（贷）
我账户内支付　　　　　　　　　　　　　转账日期　　　年　月　日
出票人签章　　　　　　　　　　　　　　复核　　　　　　　　记账

本支票付款期限十天

51-4

国内业务收款回单

客户号：123199886　　　　　　　　　　　　日期：××××年12月19日
收款人账号：81451058675081002　　　　　付款人账号：3205637123
收款人名称：金华市五湖机械有限公司　　　付款人名称：金华大中华物资经营公司
收款人开户行：工行长安里支行　　　　　　付款人开户行：工行南海支行
金额：CNY537 966.00
人民币伍拾叁万柒仟玖佰陆拾陆元整

业务种类：银行转账　　　业务编号：65185873　　　凭证号码：
用途：货款
备注：
附言：
　　自助打印，请避免重复
交易机构：27669　　　交易渠道：网上银行　　　交易流水号：612415428-682　　经办

回单编号：××××1223266624568　　回单验证码：687L6PUTR9KT　　打印时间：打印次数：

打印时间：××××-12-19　10:50:10

52-1

3307023689　　　　**浙江省增值税专用发票**　　　　No 08871261

此联不作报销、抵扣凭证使用　　开票日期：××××年12月19日

检验码　72394　82033　11307　96358

购货单位	名称：金华海德机械制造有限公司 纳税人识别号：911201057852151677 地址、电话：金华市环城南路5号　8567488 开户行及账号：交行环城南路支行6222883205688823	密码区	<6>958317<*4+-5+1327+-7/*64 >2115994831/9258<99/<984396 0302126<0871<9943*/3750<+-7 /*64>2115994831771/*78779>95

货物或应税劳务、服务名称	规格型号	单位	数量	单价	金额	税率	税额
技术服务					50 000.00	6%	3 000.00
合计					￥50 000.00	6%	￥3 000.00

价税合计（大写）　　伍万叁仟元整　　　　　　　　　　　　　　（小写）￥53 000.00

销货单位	名称：金华市五湖机械有限公司 纳税人识别号：913307101995141601 地址、电话：金华市长安里888号 开户行及账号：工行长安里支行81451058675081002	备注	网络发票号为：335376846256 查验比对：您可通过www.zjtax.gov.cn或 纳税服务平台查验比对发票内容和税务局 申报内容是否一致，以免不一致造成的 后果

收款人：　　　　复核：　　　　开票人：周云丽　　　　销货单位：（章）

52－2

国内业务收款回单

客户号：123199886	日期：××××年12月19日
收款人账号：81451058675081002	付款人账号：6222883205688823
收款人名称：金华市五湖机械有限公司	付款人名称：金华海德机械制造有限公司
收款人开户行：工行长安里支行	付款人开户行：交行环城南路支行
金额：CNY53 000.00	
人民币伍万叁仟元整	

业务种类：银行转账　　　业务编号：65486373　　　凭证号码：
用途：技术服务收入
备注：
附言：
自助打印，请避免重复
交易机构：27669　　　交易渠道：网上银行　　　交易流水号：612441598－682　　经办

回单编号：××××1223268824168　　回单验证码：687L6PUTR9KT　　打印时间：打印次数：

打印时间：××××－12－19　11:50:10

（印章：中国工商银行股份有限公司 金华市长安里支行 业务专用章 3YBR2PYA KEW9LKHD）

53－1

国内业务收款回单

客户号：123199886	日期：××××年12月19日
收款人账号：81451058675081002	付款人账号：68325420778
收款人名称：金华市五湖机械有限公司	付款人名称：南宁大发公司
收款人开户行：工行长安里支行	付款人开户行：工行南门支行
金额：CNY160 000.00	
人民币壹拾陆万元整	

业务种类：商业汇票　　　业务编号：65485873　　　凭证号码：
用途：汇票到期兑现
备注：
附言：
自助打印，请避免重复
交易机构：27669　　　交易渠道：网上银行　　　交易流水号：612441428－682　　经办

回单编号：××××1223266624168　　回单验证码：687L6PUTR9KT　　打印时间：打印次数：

打印时间：××××－12－19　10:50:10

（印章：中国工商银行股份有限公司 金华市长安里支行 业务专用章 3YBR2PYA KEW9LKHD）

54－1

3301672239

浙江省增值税专用发票

No08879997

发票联

开票日期：××××年12月19日

检验码　72394 82033 11307 96345

购货单位	名称：金华市五湖机械有限公司 纳税人识别号：913307101995141601 地址、电话：金华市长安里888号 开户行及账号：工行长安里支行81451058675081002	密码区	<6>958317<*4+-5+1327+-7/*64 >2115994831/9258<99/<984396 0302126<0871<9943*/3750<+-7 /*64>2115994831771/*65398>95

货物或应税劳务、服务名称	规格型号	单位	数量	单价	金额	税率	税额
空调		台	10	2 000	20 000.00	17%	3 400.00
合计					¥20 000.00	17%	¥3 400.00

价税合计（大写）　　贰万叁仟肆佰元整　　　　　　　　　　　（小写）¥23 400.00

销货单位	名称：金华三菱重工空调营业部 纳税人识别号：913301563426735637 地址、电话：金华市师大街76号 开户行及账号：工行师大支行42045278892	备注	网络发票号为：335676846311 查验比对：您可通过www.zjtax.gov.cn或 纳税服务平台查验比对发票内容和税务局 申报内容是否一致，以免不一致造成的 后果

收款人：　　　　复核：　　　　开票人：李美　　　　销货单位（章）

国税函〔××××〕×××号　　第二联发票联：购货方记账凭证

54－2

3301672239

浙江省增值税专用发票

No08879997

抵扣联

开票日期：××××年12月19日

检验码　72394 82033 11307 96345

购货单位	名称：金华市五湖机械有限公司 纳税人识别号：913307101995141601 地址、电话：金华市长安里888号 开户行及账号：工行长安里支行81451058675081002	密码区	<6>958317<*4+-5+1327+-7/*64 >2115994831/9258<99/<984396 0302126<0871<9943*/3750<+-7 /*64>2115994831771/*65398>95

货物或应税劳务、服务名称	规格型号	单位	数量	单价	金额	税率	税额
空调		台	10	2 000	20 000.00	17%	3 400.00
合计					¥20 000.00	17%	¥3 400.00

价税合计（大写）　　贰万叁仟肆佰元整　　　　　　　　　　　（小写）¥23 400.00

销货单位	名称：金华三菱重工空调营业部 纳税人识别号：913301563426735637 地址、电话：金华市师大街76号 开户行及账号：工行师大支行42045278892	备注	网络发票号为：335676846311 查验比对：您可通过www.zjtax.gov.cn或 纳税服务平台查验比对发票内容和税务局 申报内容是否一致，以免不一致造成的 后果

收款人：　　　　复核：　　　　开票人：李美　　　　销货单位（章）

国税函〔××××〕×××号　　第一联抵扣联：购货方抵扣凭证

54－3

国内支付业务付款回单

客户号：115199886　　　　　　　　　　日期：××××年12月19日
付款人账号：81451058675081002　　　收款人账号：42045278892
付款人名称：金华市五湖机械有限公司　收款人名称：金华三菱重工空调营业部
付款人开户行：工行长安里支行　　　　收款人开户行：工行师大支行
金额：CNY23 400.00
人民币贰万叁仟肆佰元整

业务种类：转账支出　　业务编号：65245995　　凭证号码：
用途：职工宿舍楼空调
备注：
附言：
自助打印，请避免重复
交易机构：27669　　交易渠道：网上银行　　交易流水号：659866327－228　　经办

回单编号：××××1219965422337　　回单验证码：687L6PUTR9KT

打印时间：××××－12－19　15:20:49

（印章：中国工商银行股份有限公司 金华市长安里支行 业务专用章 3YBR2PYA KEW9LKHD）

54－4

固定资产验收单

NO. 00265

规定资产名称	空调	验收日期	××××.12.19	使用或保管部门	宿舍楼
规格型号	三菱	始建日期		建造单位或部门	外购
固定资产编号	05021	竣工日期		原值	20 000.00
主要技术参数： 略				验收意见： 功能符合要求，验收通过。	

设备科验收：×××　　交验收部门主管：×××　　经办人：李涛

第五章 模拟经济业务会计凭证资料　　　　　　147

55-1

浙江省统一收款收据

3029996

收据联

交款单位：金华市五湖机械有限公司　　　　　××××年12月19日

收款内容	单位金额	总计金额								备注
		十万	千	百	十	元	角	分	
排污费	1 000		1	0	0	0	0	0	
	金华市城市排水管理所财务专用章								
合计人民币（大写）	壹仟元整		¥1	0	0	0	0	0	

开票单位 金华市城市排水管理所　　　开户银行
地址　　　　　　　　　　　　　　　账号
收款人 李平

第二联收据联付款单位做记账用

55-2

委邮

委托收款凭证（付款通知）5

第　　号

委托日期 ××××年12月19日　　　委托号码 420188
　　　　　　　　　　　　　　　付款日期 ××××年12月19日

付款人	全称	金华市五湖机械有限公司	收款人	全称	金华市城市排水管理所								
	账号或地址	81451058675081002		账号	0321520-35682001								
	开户银行	工行长安里支行		开户银行	工商建设路支行	行号							
委托收款	人民币（大写）	壹仟元整				千	百	十	万	千	百	十	元	角	分
									¥	1	0	0	0	0	0
款项内容	12月排污费	委托收款票据名称		附寄单证张数	2								

备注：

付款人注意
1. 应于检票当日通知开户银行划款
2. 如需拒付，应在规定期限内，将拒付理由书把附债务证明退交开户银行

金华市长安里支行
业务专用章
3YBR2PYA
KEW9LKHD

单位主管：　会计：　复核：　记账：　付款人开户银行盖章：　　年　月　日

此联收款人开户银行给付款人按期付款的通知

56-1

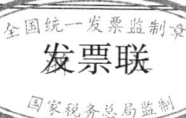

3301672239

浙江省增值税专用发票　　发票联　　No08879997

开票日期：××××年12月22日

检验码　72394 82033 11307 96345

购货单位	名称：金华市五湖机械有限公司 纳税人识别号：913307101995141601 地址、电话：金华市长安里888号 开户行及账号：工行长安里支行 81451058675081002	密码区	<6>958317<*4+-5+1327+-7/*64 >2115994831/9258<99/<984396 0302126<0871<9943*/3750<+-7 /*64>2115994831771/*65398>95

货物或应税劳务、服务名称	规格型号	单位	数量	单价	金额	税率	税额
电费					14 273.50	17%	2 426.50
合计					¥14 273.50	17%	¥2 426.50

价税合计（大写）　壹万陆仟柒佰元整　　（小写）¥16 700.00

销货单位	名称：金华市电力公司 纳税人识别号：913301563426777690 地址、电话：金华市江滨路90号 开户行及账号：工行师大支行 45871369514	备注	网络发票号为：335876846311 查验比对：您可通过www.zjtax.gov.cn或纳税服务平台查验比对发票内容和税务局申报内容是否一致，以免不一致造成的后果

收款人：　　复核：　　开票人：李莉莉　　销货单位（章）

第二联发票联：购货方记账凭证

国税函（××××）×××号

56-2

3301672239

浙江省增值税专用发票　　抵扣联　　No08879997

开票日期：××××年12月22日

检验码　72394 82033 11307 96345

购货单位	名称：金华市五湖机械有限公司 纳税人识别号：913307101995141601 地址、电话：金华市长安里888号 开户行及账号：工行长安里支行 81451058675081002	密码区	<6>958317<*4+-5+1327+-7/*64 >2115994831/9258<99/<984396 0302126<0871<9943*/3750<+-7 /*64>2115994831771/*65398>95

货物或应税劳务、服务名称	规格型号	单位	数量	单价	金额	税率	税额
电费					14 273.50	17%	2 426.50
合计					¥14 273.50	17%	¥2 426.50

价税合计（大写）　壹万陆仟柒佰元整　　（小写）¥16 700.00

销货单位	名称：金华市电力公司 纳税人识别号：913301563426777690 地址、电话：金华市江滨路90号 开户行及账号：工行师大支行 45871369514	备注	网络发票号为：335876846311 查验比对：您可通过www.zjtax.gov.cn或纳税服务平台查验比对发票内容和税务局申报内容是否一致，以免不一致造成的后果

收款人：　　复核：　　开票人：李莉莉　　销货单位（章）

第一联抵扣联：购货方抵扣凭证

国税函（××××）×××号

56-3

委托收款凭证（付款通知）5

委托日期 ××××年12月22日　　委托号码 420391
　　　　　　　　　　　　　　　付款日期 ××××年12月22日

付款人	全称	金华市五湖机械有限公司	收款人	全称	金华市电力公司
	账号或地址	81451058675081002		账号	45871369514
	开户银行	工行长安里支行		开户银行	工行师大支行　行号

委托收款	人民币（大写）	壹万陆仟柒佰元整	千百十万千百十元角分 ¥ 1 6 7 0 0 0 0

款项内容	电费	委托收款票据名称		附寄单证张数	

备注：

付款人注意
1. 应于检票当日通知开户银行划款。
2. 如需拒付，应在规定期限内，将拒付理由书及附债务证明退交开户银行。

（银行盖章：金华市长安里支行 业务专用章 3YBR2PYA KEW9LKHD）

单位主管：　会计：　复核：　记账：　付款人开户银行盖章：　年 月 日

57-1

3301678859

浙江省增值税专用发票

No 08879642

发票联

开票日期：××××年12月22日

检验码　72394 82033 11307 96345

购货单位	名称：金华市五湖机械有限公司
	纳税人识别号：913307101995141601
	地址、电话：金华市长安里888号
	开户行及账号：工行长安里支行 81451058675081002

密码区：
<6>958317<*4+-5+1327+-7/*64
>2115994831/9258<99/<984396
0302126<0871<9943*/3750<+-7
/*64>2115994831771/*65398>95

货物或应税劳务、服务名称	规格型号	单位	数量	单价	金额	税率	税额
水费					6 705.13	11%	737.56
合计					¥6 705.13	11%	¥737.56

| 价税合计（大写） | 柒仟肆佰肆拾贰元陆角玖分 | （小写）¥7 442.69 |

销货单位	名称：金华市自来水公司
	纳税人识别号：913301563426777690
	地址、电话：金华市八一南路90号
	开户行及账号：工行婺城支行 42045278892

备注：
网络发票号为：335876846311
查验比对：您可通过www.zjtax.gov.cn或纳税服务平台查验比对发票内容和税务局申报内容是否一致，以免不一致造成的后果

收款人：　复核：　开票人：李华华　销货单位（章）

57－2

3301678859

浙江省增值税专用发票

抵扣联

No 08879642

开票日期：××××年12月22日

检验码 72394 82033 11307 96345

购货单位	名称：金华市五湖机械有限公司 纳税人识别号：913307101995141601 地址、电话：金华市长安里888号 开户行及账号：工行长安里支行 81451058675081002	密码区	<6>958317<*4+-5+1327+-7/*64 >2115994831/9258<99/<984396 0302126<0871<9943*/3750<+-7 /*64>2115994831771/*65398>95

货物或应税劳务、服务名称	规格型号	单位	数量	单价	金额	税率	税额
水费					6 705.13	11%	737.56
合计					￥6 705.13	11%	￥737.56

价税合计（大写）	柒仟肆佰肆拾贰元陆角玖分	（小写）￥7 442.69

销货单位	名称：金华市自来水公司 纳税人识别号：913301563426777690 地址、电话：金华市八一南路90号 开户行及账号：工行婺城支行 42045278892	备注	网络发票号为：335376846311 查验比对：您可通过www.zjtax.gov.cn 或纳税服务平台查验比对发票内容和税务局申报内容是否一致，以免不一致造成的后果

收款人：　　　复核：　　　开票人：李华华　　　销货单位（章）

57－3

委邮

委托收款凭证（付款通知）5

第　　　号

委托日期 ××××年12月22日　　　委托号码 450392

付款日期 ××××年12月22日

付款人	全称	金华市五湖机械有限公司	收款人	全称	金华市自来水公司
	账号或地址	81451058675081002		账号	42045278892
	开户银行	工行长安里支行		开户银行	工行婺城支行　行号

委托收款	人民币（大写）	柒仟肆佰肆拾贰元陆角玖分	千百十万千百十元角分 　　　　￥7 4 4 2 6 9

款项内容	电费	委托收款票据名称		附寄单证张数	

备注：

付款人注意
1. 应于检票当日通知开户银行划款
2. 如需拒付，应在规定期限内，将拒付理由书及附债务证明退交开户银行

金华市长安里支行
业务专用章
3YBR2PYA
KEW9LKHD

单位主管：　　会计：　　复核：　　记账：　　付款人开户银行盖章：　　年　月　日

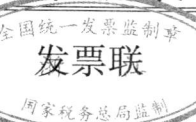

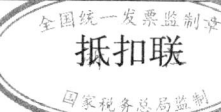

58-1

3301672239

浙江省增值税专用发票

No08879997

发票联

开票日期：××××年12月22日

检验码　72394 82033 11307 96345

购货单位	名称：金华市五湖机械有限公司 纳税人识别号：913307101995141601 地址、电话：金华市长安里888号 开户行及账号：工行长安里支行 81451058675081002	密码区	<6>958317<*4+-5+1327+-7/*64 >2115994831/9258<99/<984396 0302126<0871<9943*/3750<+-7 /*64>2115994831771/*65398>95

货物或应税劳务、服务名称	规格型号	单位	数量	单价	金额	税率	税额
11月份基础电信服务费					1 470.59	11%	161.77
11月份增值电信服务费					1 150.12	6%	69.01
合计					￥2 620.71		￥230.78

价税合计（大写）	贰仟捌佰伍拾壹元肆角玖分	（小写）￥2 851.49

销货单位	名称：中国电信金华分公司 纳税人识别号：913301474552752269 地址、电话：金华市滨虹路88号 开户行及账号：工行滨虹支行 81451058675598416	备注	网络发票号为：335376846311 查验比对：您可通过www.zjtax.gov.cn或 纳税服务平台查验比对发票内容和税务局 申报内容是否一致，以免不一致造成的 后果

收款人：　　　复核：　　　开票人：吴姗姗　　　销货单位（章）

58-2

3301672239

浙江省增值税专用发票

No08879997

抵扣联

开票日期：××××年12月22日

检验码　72394 82033 11307 96345

购货单位	名称：金华市五湖机械有限公司 纳税人识别号：913307101995141601 地址、电话：金华市长安里888号 开户行及账号：工行长安里支行 81451058675081002	密码区	<6>958317<*4+-5+1327+-7/*64 >2115994831/9258<99/<984396 0302126<0871<9943*/3750<+-7 /*64>2115994831771/*65398>95

货物或应税劳务、服务名称	规格型号	单位	数量	单价	金额	税率	税额
11月份基础电信服务费					1 470.59	11%	161.77
11月份增值电信服务费					1 150.12	6%	69.01
合计					￥2 620.71		￥230.78

价税合计（大写）	贰仟捌佰伍拾壹元肆角玖分	（小写）￥2 851.49

销货单位	名称：中国电信金华分公司 纳税人识别号：913301474552752269 地址、电话：金华市滨虹路88号 开户行及账号：工行滨虹支行 81451058675598416	备注	网络发票号为：335376846311 查验比对：您可通过www.zjtax.gov.cn或 纳税服务平台查验比对发票内容和税务局 申报内容是否一致，以免不一致造成的 后果

收款人：　　　复核：　　　开票人：吴姗姗　　　销货单位（章）

58-3

| 委邮 | **委托收款**凭证(付款通知)5 | 第 1445 号 |

委托日期××××年12月22日　　委托号码 420173
　　　　　　　　　　　　　　　付款日期××××年12月22日

付款人	全称	金华市五湖机械有限公司	收款人	全称	中国电信金华分公司
	账号或地址	81451058675081002		账号	81451058675598416
	开户银行	工行长安里支行		开户银行	工行滨虹支行　行号

委托收款	人民币（大写）	贰仟捌佰伍拾壹元肆角玖分	千	百	十	万	千	百	十	元	角	分
						¥	2	8	5	1	4	9

款项内容	长话费	委托收款票据名称		附寄单证张数	
	市话费				
	信息费				

备注：

付款人注意
1. 应于检票当日通知开户银行划款。
2. 如需拒付，应在规定期限内，将拒付理由书连附债务证明退交开户银行。

（盖章：中国工商银行股份有限公司 金华市长安里支行 业务专用章 3YBR2PYA KEW9LKHD）

单位主管：　会计：　复核：　记账：　付款人开户银行盖章：××××年　月　日

此联收款人开户银行给付款人按期付款的通知

59 - 1

信用证开证申请书

致：中国工商银行　　　　日期：××××年12月22日

受益人（全称和详细地址）：	信用证号码：合同号：
	到期日和到期地点：××××年12月31日中国金华
申请人（全称和详细地址）：	名称：金华市五湖机械有限公司 地址：金华市长安里888号
运至：中国金华	金额（大、小写）：肆拾贰万零肆佰伍拾叁元整　　　￥420 453.00
Description of Goods Packing	此证可由 □ 任何银行　√ 开证行 By √ 即期付款　□ 承兑　□ 议付　□ 迟期付款
转运 分批装运　□ 允许　√ 不允许	□ 汇票为发票金额的_____％付款期限 on 付款人_____ □ FOB □ CFR □ CIF □ or other terms

所需单据（用"√"标明）：
□ 经签字的商业发票一式_____份,标明信用证号和合同号_____。
□ 全套清洁已装船海运提单做成□空白抬头、空白背书,注明"运费□已付□到付",□标明运费金额,并通知_____。
□ 空运单据收货人为开证申请人,注明"运费□已付/□到付",并通知_____。
□ 由签署的备忘录寄交。
□ 全套保险单/保险凭证,按发票金额的____％投保,空白背书,注明赔付地在中国,以汇票币种支付,覆盖□海运□空运□陆运,承保一切险,战争险和_____。
□ 装运单/重量证明一式____份,注明每一包装的数量、毛重和净重。
□ 数量/重量证明一式____份,由独立的检验人在装运港出具,注明已装货物的实际检验数量/重量及包装条件。
□ 品质证一式____份,由制造商/公众认可的检验人出具。
　　受益人电讯/电传方式通知申请人装船证明副本。该证明须在装船后_____天内发出,并注明该
　　□信用证号、□船名、□航班号、装运日以及□货物的名称、□货物的数量、重量和货物价值。
□ 船公司的证明,证实运输船舶由申请人或其代理人租订。
□ 其他单据。

附加条款
□ 开证行以外的所有银行费用由受益人承担。
□ 所需单据须在运输单据签发日后_____天内提交,但不得超过信用证有效期。
□ 第三方为托运人不可接受。简式提单不可接受。
□ 数量及信用证金额允许有_____％的增减。
□ 其他条款

申请人盖章

59－2

中国工商银行

信用证

开证日期：××××年12月22日

开证申请人	全称	金华市五湖机械有限公司	受益人	全称	略
	地址邮编	金华市长安里888号 321000		地址邮编	
	账号	81451058675081002		账号	
	开户行	工行长安里支行		开户行	

开证金额	人民币（大写）	肆拾贰万零肆佰伍拾叁元整	亿	千	百	十	万	千	百	十	元	角	分
				¥	4	2	0	4	5	3	0	0

有效日期及有效地点	××××年12月31日中国金华
通知行名称及行号	工行长安里支行

运输方式：............................ 交货期：............................
分批装运：允许□ 不允许√ 付款方式：到期付款√ 延期付款□ 议付□
转运：允许√ 不允许□
货物运输起止地：自韩国至中国金华 议付行名称及行号：
最迟装运日期：××××年12月31日 付款日期：即期□ 运输单据日后天
货物描述：现代汽车

受益人应提交的单据：

其他条款：

本信用证依据中国人民银行《国内信用证结算办法》和申请人的开证申请书开立，本信用证为不可撤销、不可转让信用证。我行保证在收到单证相符的单据后，履行付款的责任。如信用证系议付信用证，受益人开户行将每次提交单据情况背书记录在正本信用证背面。

开户行地址：   邮箱：
电传：
电话：   开证行签章：（中国工商银行股份有限公司 金华市长安里支行 业务专用章 3YBR2PYA KEW9LKHD）
传真：

60 - 1

入 库 单

收货仓库：仓库　　　××××年12月23日

类别	编号	名称型号	单位	应发数量	实发数量	单位成本	金额
产品		甲产品	台	40			
产品		乙产品	台	40			
		合计					

负责人：　　　　　经发：　　　　　　　　保管：黄改云　　　　　　填单：×××

第三联 财务记账

---

61 - 1

3307023689

浙江省增值税专用发票

No08871263

此联不作报销、抵扣凭证使用　　开票日期：××××年12月23日

检验码　72394 82033 11307 96358

购货单位	名称：金华达达商贸有限公司 纳税人识别号：320105783624167 地址、电话：金华市北海路1号　6567488 开户行及账号：交通银行北海路支行 3205637123	密码区	<6>958317<*4+-5+1327+-7/*64 >2115994831/9258<99/<984396 0302126<0871<9943*/3750<+-7 /*64>2115994831771/*78779>95

货物或应税劳务、服务名称	规格型号	单位	数量	单价	金额	税率	税额
甲产品		台	2	7 100.00	14 200.00	17%	2 414.00
合计					￥14 200.00	17%	￥2 414.00

价税合计（大写）　　壹万陆仟陆佰壹拾肆元整　　　　　　　　（小写）￥16 614.00

销货单位	名称：金华市五湖机械有限公司 纳税人识别号：913307101995141601 地址、电话：金华市长安里 888 号 开户行及账号：工行长安里支行 81451058675081002	备注	网络发票号为：335376846256 查验比对：您可通过www.zjtax.gov.cn 或 纳税服务平台查验比对发票内容和税务局 申报内容是否一致，以免不一致造成的 后果

国税网 [××××]××××号

收款人：　　　　　复核：　　　　　开票人：周云丽　　　　　销货单位：（章）

第三联 记账联：销货方记账凭证

61-2

出 库 单

发货仓库：仓库
领料部门：金华达达商贸有限公司　　××××年12月23日　　　　第　号

类别	编号	名称型号	单位	应发数量	实发数量	单位成本	金额
产品		甲产品	台	2	2		
		合计					

负责人：　　　　经发：　　　　　　保管：黄改云　　　　　　填单：×××

第三联 财务记账

61-3

交通银行

银行本票 2

付款期限　壹个月

汇票号码

出票日期(大写)：××××年壹拾贰月贰拾叁日	代理付款行：交行北海路支行 行号：21035021568
收款人：金华市五湖机械有限公司	账号：80451058675081002
出票金额：人民币(大写)壹万陆仟陆佰壹拾肆元整	

实际结算金额人民币(大写)	壹万陆仟陆佰壹拾肆元整	千	百	十	万	千	百	十	元	角	分
				¥	1	6	6	1	4	0	0

申请人：金华市达达商贸公司　　账号或住址：32056237123
出票人：交通银行北海路支行　　行号：_____
备注：
凭票付款

出票行签章：（交通银行 本票专用章）

密押	科目(借)
多余金额	对方科目(贷)
千 百 十 万 千 百 十 元 角 分	兑付日期　　年　月　日
	复核　　　　记账

此联代理付款行付款后做联行往账借方凭证附件

第五章 模拟经济业务会计凭证资料

61-4

交通银行

银行本票解讫通知 3

| 付款期限 | 壹个月 |

汇票号码
第　号

出票日期(大写):	××××年壹拾贰月贰拾叁日	代理付款行: 交行北海路支行 行号: 21035021568
收款人:	金华市五湖机械有限公司	账号: 80451058675081002
出票金额	人民币(大写)壹万陆仟陆佰壹拾肆元整	
实际结算金额人民币(大写)	壹万陆仟陆佰壹拾肆元整	￥ 1 6 6 1 4 0 0
申请人:	金华市达达商贸公司	账号或住址: 32056237123
出票人:	交通银行北海路支行	行号:

备注:
代理付款行盖章

（交通银行本票专用章）

	密押	科目(借)
	多余金额	对方科目(贷)
	千百十万千百十元角分	兑付日期　年　月　日
		复核　　　　记账

此联代理付款行兑付后随报单寄出票行
由出票行作多余额贷款凭证

复核:　　　　　　　　　　　　　　经办:

61-5

国内业务收款回单

客户号: 123199886	日期: ××××年12月23日
收款人账号: 81451058675081002	付款人账号: 32056237123
收款人名称: 金华市五湖机械有限公司	付款人名称: 金华达达商贸公司
收款人开户行: 工行长安里支行	付款人开户行: 交通银行北海路支行
金额: CNY16 614.00	
人民币壹万陆仟陆佰壹拾肆元整	

业务种类: 银行本票解讫　　业务编号: 65185873　　凭证号码:
用途: 货款
备注:
附言:
自助打印,请避免重复
交易机构: 27669　　交易渠道: 网上银行　　交易流水号: 612421428-682　　经办:

回单编号: ××××1223266640168　　回单验证码: 687L6PUTR9KT　　打印时间: 打印次数:

（中国工商银行股份有限公司 金华市长安里支行 业务专用章 3YBR2PYA KEW9LKHD）

打印时间: ××××-12-23　10:50:10

第五章 模拟经济业务会计凭证资料   169

62-1

国内业务付款回单

客户号：115199886	日期：××××年12月23日
付款人账号：81451058675081002	收款人账号：63451066665222822
付款人名称：金华市五湖机械有限公司	收款人名称：上海天马有限公司
付款人开户行：工行长安里支行	收款人开户行：工行上海建设路支行
金额：CNY460 000.00	
人民币肆拾陆万元整	

业务种类：转账支出　　　业务编号：65645873　　　凭证号码：
用途：货款
备注：
附言：
自助打印，请避免重复
交易机构：27669　　　交易渠道：网上银行　　　交易流水号：612456898-062　　经办：

回单编号：××××1228965431168　　回单验证码：687L6PUTR9KT　　打印时间：打印次数：

打印时间：××××-12-23　　10:50:10

（中国工商银行股份有限公司 金华市长安里支行 业务专用章 3YBR2PYA KEW9LKHD）

63-1

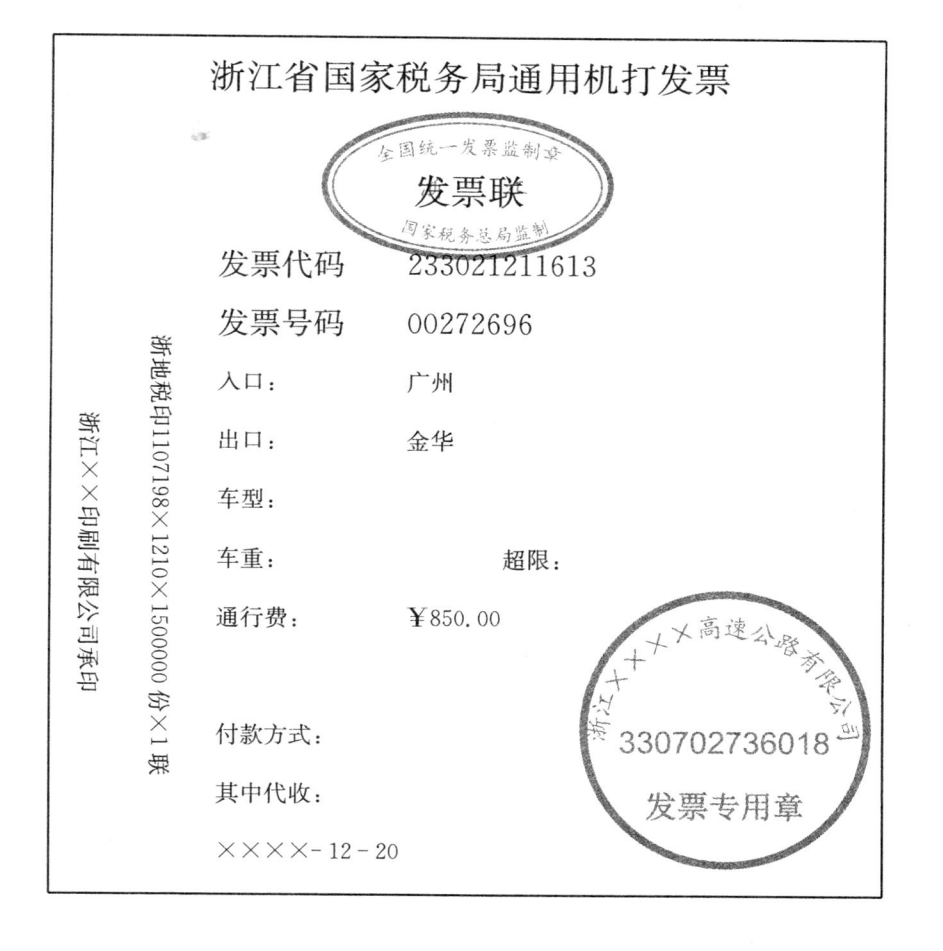

浙江省国家税务局通用机打发票

发票联

发票代码　　233021211613

发票号码　　00272696

入口：　　　广州

出口：　　　金华

车型：

车重：　　　　　　　　　超限：

通行费：　　¥850.00

付款方式：

其中代收：

××××-12-20

浙地税印1107198×1210×1500000份×1联
浙江××印刷有限公司承印

（浙江××××高速公路有限公司 330702736018 发票专用章）

63－2

支出证明单

××××年12月23日　　　　　　　　附件共1张

支出科目	摘要	金额							缺乏正式单据之原因
		万	千	百	十	元	角	分	
支付交通费	过路费			8	5	0	0	0	
		现金付讫							

合计人民币（大写）：捌佰伍拾元整　　　　　　　　　　　¥850.00

核准：王政　　　复核：孙立　　　证明人：张乐喜　　　经手：刘明

64－1

3301677830

浙江省增值税专用发票

No 08879009

发票联

开票日期：××××年12月23日

检验码　72394 82033 11307 96345

购货单位	名称：金华市五湖机械有限公司 纳税人识别号：913307101995141601 地址、电话：金华市长安里888号 开户行及账号：工行长安里支行 81451058675081002	密码区	<6>958317<*4+-5+1327+-7/*64 >2115994831/9258<99/<984396 0302126<0871<9943*/3750<+-7 /*64>2115994831771/*65398>95

货物或应税劳务、服务名称	规格型号	单位	数量	单价	金额	税率	税额
纸、笔、墨					2 991.45	17%	508.55
合计					¥2 991.45	17%	¥508.55

价税合计（大写）　叁仟伍佰元整　　　　　　　　　（小写）¥3 500.00

销货单位	名称：金华立信文化用品商店 纳税人识别号：913301474552750007 地址、电话：金华市彩虹路90号 开户行及账号：工行彩虹支行 81451058675598416	备注	网络发票号为：335376846311 查验比对：您可通过www.zjtax.gov.cn或 纳税服务平台查验比对发票内容和税务局 申报内容是否一致，以免不一致造成的 后果

收款人：　　　复核：　　　开票人：吴平　　　销货单位（章）

64-2

3301677830

浙江省增值税专用发票

No 08879009

抵扣联

开票日期：××××年12月23日

检验码　72394 82033 11307 96345

购货单位	名称：金华市五湖机械有限公司 纳税人识别号：913307101995141601 地址、电话：金华市长安里888号 开户行及账号：工行长安里支行 81451058675081002	密码区	<6>958317<*4+-5+1327+-7/*64 >2115994831/9258<99/<984396 0302126<0871<9943*/3750<+-7 /*64>2115994831771/*65398>95

货物或应税劳务、服务名称	规格型号	单位	数量	单价	金额	税率	税额
纸、笔、墨					2 991.45	17%	508.55
合计					¥2 991.45	17%	¥508.55

价税合计（大写）	叁仟伍佰元整	（小写）¥3 500.00

销货单位	名称：金华立信文化用品商店 纳税人识别号：913301474552750007 地址、电话：金华市彩虹路90号 开户行及账号：工行彩虹支行 81451058675598416	备注	网络发票号为：335376846311 查验比对：您可通过www.zjtax.gov.cn或 纳税服务平台查验比对发票内容和税务局 申报内容是否一致，以免不一致造成的 后果

收款人：　　　复核：　　　开票人：吴平　　　销货单位（章）

64-3

国内业务付款回单

客户号：115199886　　　　　　　　　日期：××××年12月23日
付款人账号：81451058675081002　　　收款人账号：81451058675598416
付款人名称：金华市五湖机械有限公司　收款人名称：金华立信文化用品商店
付款人开户行：工行长安里支行　　　　收款人开户行：工行彩虹支行
金额：CNY3 500.00
人民币叁仟伍佰元整

业务种类：转账支出　　业务编号：65257895　　凭证号码：
用途：购买办公用品
备注：
附言：
自助打印，请避免重复
交易机构：27669　　交易渠道：网上银行　　交易流水号：659867827-632

回单编号：××××1220665422567　　回单验证码：687L6PUTR9KT　　打印时间：打印次数：

打印时间：××××-12-23　11:30:21

64－4

文具领用汇总单

××××年12月23日

部门	名称	数量	单价	金额	领用人签名
生产车间	纸、笔、墨			854.70	林冰
管理部门	纸、笔、墨			1 282.05	王政
销售机构	纸、笔、墨			854.70	黄金良
合计				￥2 991.45	

主管部门：　　　　　总务负责人：　　　　　保管：　　　　　制单：李涛

65－1

金华市五湖机械有限公司流动资金损失核销单

××××年12月23日

××××年		单位	款项内容	金额	报批原因
月	日				
5	3	湖南长沙汽配公司	甲产品	5 100.00	当时该公司以货未收到为由被拒付，几年来去人查核三次，去信联系多次均无着落，现因相隔时间长，难以查实，为此要求作坏账损失处理。
经办人：孙立				领导意见：同意　王平　××××年12月23日	

会计主管：×××　　　　　复核：×××　　　　　制单：×××

66－1

贴现申请书

工行长安里支行：

　　我公司于××××年12月10日与武汉九头鸟公司签订NO.0022745号供销合同。××××年12月10日双方协定以商业承兑汇票方式结清账款，于××××年12月13日武汉九头鸟公司开给（或背书转让给）我公司商业承兑汇票壹张，金额为人民币（大写）壹拾壹万柒仟元整。现我公司由于流动资金紧张，业务发展需要，特向贵行申请商业汇票贴现。

　　附汇票基本要素：

　　汇票号码：AA/01　00235834　　　承兑协议编号：

　　我公司郑重承诺：如因本汇票之真伪或对方银行因各种原因拒付而给贵行造成的一切经济损失，由我公司承担全部赔付责任。

公司名称：金华市五湖机械有限公司

法人代表签字或专用章：王平

××××年12月23日

66－2

国内业务收款回单

客户号：123199886

收款人账号：81451058675081002

收款人名称：金华市五湖机械有限公司

收款人开户行：工行长安里支行

金额：CNY116 396.00

人民币壹拾壹万陆仟叁佰玖拾陆元整

日期：××××年12月23日

付款人账号：4911058675222822

付款人名称：武汉九头鸟公司

付款人开户行：工行紫阳路支行

业务种类：商业汇票贴现　　业务编号：65271873　　凭证号码：

用途：商业汇票贴现收入

备注：

附言：自助打印，请避免重复

交易机构：27669　　交易渠道：网上银行　　交易流水号：612460898-602　　经办：

回单编号：××××1223965429168　　回单验证码：687L6PUTR9KT　　打印时间：打印次数：

打印时间：××××-12-23　10:50:10

3YBR2PYA
KEW9LKHD

66-3

国内业务付款回单

客户号：115199886　　　　　　　　　　　日期：××××年12月23日
付款人账号：81451058675081002
付款人名称：金华市五湖机械有限公司
付款人开户行：工行长安里支行
金额：CNY604.00
人民币陆佰零肆元整

业务种类：商业汇票贴现　　业务编号：65271874　　凭证号码：
用途：贴现利息
备注：
附言：
　自助打印，请避免重复
交易机构：27669　　交易渠道：网上银行　　交易流水号：612460899-692

回单编号：××××1223965429169　　回单验证码：687L6PUTR9KT　　打印时间：　打印次数：

打印时间：××××-12-23　10:59:10

（中国工商银行股份有限公司 金华市长安里支行 业务专用章 3YBR2PYA KEW9LKHD）经办

67-1

3307023689

浙江省增值税专用发票

No08871264

此联不作报销、抵扣凭证使用　　开票日期：××××年12月23日

检验码　72394 82033 11307 96358

购货单位	名称：江西省时新商贸公司 纳税人识别号：32010578624167 地址、电话：南昌市江大路8号　64667188 开户行及账号：建行江大支行 3205637123	密码区	<6>958317<*4+-5+1327+-7/*64 >2115994831/9258<99/<984396 0302126<0871<9943*/3750<+-7 /*64>2115994831771/*78779>95

货物或应税劳务、服务名称	规格型号	单位	数量	单价	金额	税率	税额
乙产品		台	35	10 500.00	367 500.00	17%	62 475.00
合计					￥367 500.00	17%	￥62 475.00

价税合计（大写）　　肆拾贰万玖仟玖佰柒拾伍元整　　　　　　（小写）￥429 975.00

销货单位	名称：金华市五湖机械有限公司 纳税人识别号：913307101995141601 地址、电话：金华市长安里888号 开户行及账号：工行长安里支行 81451058675081002	备注	网络发票号为：335376846256 查验比对：您可通过www.zjtax.gov.cn 或纳税服务平台查验比对发票内容和税务局申报内容是否一致，以免不一致造成的后果

收款人：　　　　复核：　　　　开票人：周云丽　　　　销货单位：（章）

国税函[××××]××××号　　第三联记账联：销货方记账凭证

67-2

出 库 单

发货仓库：仓库　　　　　　　　　　　　　　　　　　　　　　　　　　　第　　号
提货单位：江西省时新商贸公司　　××××年12月23日

类别	编号	名称型号	单位	应发数量	实发数量	单位成本	金额
产品		乙产品	台	35	35		
		合计					

负责人：　　　　　　　经发：　　　　　　　　　保管：黄改云　　　　　　　填单：×××

第三联 财务记账

67-3

国内业务收款回单

客户号：123199886　　　　　　　　　　　　　日期：××××年12月23日
收款人账号：81451058675081002　　　　　　付款人账号：3205637123
收款人名称：金华市五湖机械有限公司　　　　付款人名称：江西省时新商贸公司
收款人开户行：工行长安里支行　　　　　　　付款人开户行：建行江大支行
金额：CNY429 975.00
人民币肆拾贰万玖仟玖佰柒拾伍元整

业务种类：银行转账　　　业务编号：65385873　　凭证号码：
用途：货款
备注：
附言：
自助打印，请避免重复
交易机构：27669　　　交易渠道：网上银行　　交易流水号：612431428-602　　经办

回单编号：××××1223266663168　　回单验证码：687L6PUTR9RT　　打印时间：打印次数：

打印时间：××××-12-23　10:50:10

中国工商银行股份有限
金华市长安里支行
业务专用章
3YBR2PYA
KEW9LKHD

68-1

国内业务收款回单

客户号：123199886　　　　　　　　　　　日期：××××年12月23日
收款人账号：81451058675081002　　　　　付款人账号：88632022598006562
收款人名称：金华市五湖机械有限公司　　　付款人名称：香港万达公司
收款人开户行：工行长安里支行　　　　　　付款人开户行：建行九龙支行
金额：CNY85 600.00
人民币捌万伍仟陆佰元整

业务种类：银行转账　　业务编号：65285873　　凭证号码：
用途：货款
备注：
附言：
自助打印，请避免重复
交易机构：27669　　交易渠道：网上银行　　交易流水号：612451428-602　　经办

回单编号：××××1223266629168　　回单验证码：687L6PUTR9KT　　打印时间：打印次数：

打印时间：××××-12-23　10:50:10

（中国工商银行股份有限公司 金华市长安里支行 业务专用章 3YBR2PYA KEW9LKHD）

69-1

3307023689

浙江省增值税专用发票

No 08871265

此联不作报销、抵扣凭证使用　　开票日期：××××年12月24日

检验码　72394 82033 11307 96358

购货单位	名称：上海东方商贸有限公司 纳税人识别号：120105783624167 地址、电话：上海市北海路1号　6567488 开户行及账号：交行北海支行 320563712312	密码区	<6>958317<*4+-5+1327+-7/*64 >2115994831/9258<99/<984396 0302126<0871<9943*/3750<+-7 /*64>2115994831771/*78779>95

货物或应税劳务、服务名称	规格型号	单位	数量	单价	金额	税率	税额
甲产品		台	78	7 000.00	546 000.00	17%	92 820.00
合计					￥546 000.00	17%	￥92 820.00

价税合计（大写）　陆拾叁万捌仟捌佰贰拾元整　　　　　　　（小写）￥638 820.00

销货单位	名称：金华市五湖机械有限公司 纳税人识别号：913307101995141601 地址、电话：金华市长安里 888 号 开户行及账号：工行长安里支行 81451058675081002	备注	网络发票号为：335376846256 查验比对：您可通过www.zjtax.gov.cn或纳税服务平台查验比对发票内容和税务局申报内容是否一致，以免不一致造成的后果

收款人：　　　　复核：　　　　开票人：周云丽　　　　销货单位：（章）

国税函（××××）×××号　　　　　　　　　　　　　　　　　　第三联记账联：销货方记账凭证

69-2

出 库 单

发货仓库：仓库　　　　　　　　　　　　　　　　　　　　第　　号
领料部门：上海东方商贸有限公司　　××××年12月24日

类别	编号	名称型号	单位	应发数量	实发数量	单位成本	金额
产品		甲产品	台	78	78		
		合计					

负责人：　　　　　　经发：　　　　　　　保管：黄改云　　　　　填单：×××

第三联 财务记账

69-3

国内业务收款回单

客户号：123199886　　　　　　　　　　　　日期：××××年12月24日
收款人账号：81451058675081002　　　　　　付款人账号：320563712312
收款人名称：金华市五湖机械有限公司　　　　付款人名称：上海东方商贸有限公司
收款人开户行：工行长安里支行　　　　　　　付款人开户行：交行北海支行
金额：CNY638 820.00
人民币陆拾叁万捌仟捌佰贰拾元整

业务种类：银行转账　　　业务编号：65215873　　　凭证号码：
用途：货款
备注：
附言：
自助打印，请避免重复
交易机构：27669　　　交易渠道：网上银行　　　交易流水号：612431428-682

回单编号：××××1223266645168　　　回单验证码：687L6PUTR9RT　　经办

打印时间：××××-12-24　10:50:10　　　　打印时间：打印次数：
　　　　　　　　　　　　　　　　　　　　　　　　金华市长安里支行
　　　　　　　　　　　　　　　　　　　　　　　　业务专用章
　　　　　　　　　　　　　　　　　　　　　　　　3YBR2PYA
　　　　　　　　　　　　　　　　　　　　　　　　KEW9LKHD

70-1

国内业务付款回单

客户号：115199886　　　　　　　　　　　　　　日期：××××年12月24日
付款人账号：81451058675081002
付款人名称：金华市五湖机械有限公司
付款人开户行：工行长安里支行
金额：CNY15 000.00
人民币壹万伍仟元整

业务种类：收费　　　业务编号：65258994　　　凭证号码：
用途：利息
备注：
附言：
　自助打印，请避免重复
交易机构：27669　　交易渠道：网上银行　　交易流水号：659842798-889
　　　　　　　　　　　　　　　　　　　　　　　　　　　　经办
回单编号：××××1209965553168　　回单验证码：687L6PUTR9KT
打印时间：××××-12-24　15:20:46

（印章：中国工商银行股份有限公司 金华市长安里支行 业务专用章 3YBR2PYA KEW9LKHD）

71-1

3307023689

浙江省增值税专用发票

No08871266

此联不作报销、抵扣凭证使用　　　　开票日期：××××年12月24日

检验码　72394 82033 11307 96358

购货单位	名称：金华永信有限责任公司 纳税人识别号：9132010578624558 地址、电话：金华市新华路2号 84623180 开户行及账号：建行新华支行 3565637773	密码区	<6>958317<*4+-5+1327+-7/*64 >2115994831/9258<99/<984396 0302126<0871<9943*/3750<+-7 /*64>2115994831771/*78779>95

货物或应税劳务、服务名称	规格型号	单位	数量	单价	金额	税率	税额
甲产品		台	15	7 400.00	111 000.00	17%	18 870.00
乙产品		台	20	10 500.00	210 000.00	17%	35 700.00
合计					￥321 000.00	17%	￥54 570.00

价税合计（大写）　叁拾柒万伍仟伍佰柒拾元整　　　　　　　（小写）￥375 570.00

销货单位	名称：金华市五湖机械有限公司 纳税人识别号：913307101995141601 地址、电话：金华市长安里888号 开户行及账号：工行长安里支行 81451058675081002	备注	网络发票号为：335376846256 查验比对：您可通过www.zjtax.gov.cn或 纳税服务平台查验比对发票内容和税务局 申报内容是否一致，以免不一致造成的 后果

收款人：　　　　　　复核：　　　　　开票人：周云丽　　　　销货单位：（章）
备注：合同约定的现金折扣条件为5/10,2/20,n/30。

国税函（××××）×××号

第三联记账联：销货方记账凭证

71-2

出 库 单

发货仓库：仓库
领料部门：金华永信有限责任公司 ××××年12月24日

第　　号

类别	编号	名称型号	单位	应发数量	实发数量	单位成本	金额
产品		甲产品	台	15	15		
产品		乙产品	台	20	20		
		合计					

第三联财务记账

72-1

STX Engine Co.，Ltd.

80，Seongsan-dong，Changwon Gyungsangnam-do．Korea 641-315

Tel：82-55-280-0114　Fax：82-55-285-2030

INVOICE

TO：JINHUA WUHU MACHINERY CO.
888 Changanli，Jinhua，China

Invoice NO.：JKJ070213A
Dec. 24，××××

Description	Q'ty	unit price	Total amount
Ford 2.4 exhaust volume car	1 vehicles	CNY420 453	CNY420 453
－Contract NO.：NLPC-015			
－1 st Down Payment (20% of the Contract value)			CNY420 453
Grand Total ··			CNY420 453

We'd like you to take care of the above payment as soon as possible by telegrapic transfer to below account and confirm by return fax the date once such remittance is effected.

Bank：Woori Bank(Changwon Operation Team)
Add.：851-1，Oi-dong，changwon-si，Kyungnam，641-020，Korea
SWIFT Code：HVBKKRSE
Account No.：865-001774-42-003

STX Engine Co. Ltd.

Signed by　　K. S. Rhee
President & CEO

72-2

海关进出口关税专用缴款书

收入系统：海关系统填发　　日期××××年12月24日　　NO.

收款单位	收入机关	中央金库	缴款单位人	名称	金华市五湖机械有限公司
	科目			账号	81451058675081002
	收款国库			开户银行	工商银行长安里支行

税号	货物名称	数量	单位	完税价格（¥）	税率（%）	税款金额（¥）
	排气量2.4小轿车	1	辆	420 453.00	25%	105 113.25

金额人民币（大写）壹拾万伍仟壹佰壹拾叁元贰角伍分		合计（¥）	105 113.25
申请单位编号		报关单编号	填制单位 制单人 复核人
合同（批文）号		运输工具（号）	
缴款期限		提/装货单号	
备注			

72-3

海关代征增值税专用缴款书

收入系统：海关系统填发　　日期××××年12月24日

收款单位	收入机关	中央金库	缴款单位人	名称	金华市五湖机械有限公司
	科目			账号	81451058675081002
	收款国库			开户银行	工商银行长安里支行

税号	货物名称	数量	单位	完税价格（¥）	税率（%）	税款金额（¥）
增值税	排气量2.4小轿车	1	辆	577 545.33	17%	98 182.71

金额人民币（大写）陆拾柒万伍仟柒佰贰拾捌元零肆分		合计（¥）	675 728.04
申请单位编号		报关单编号	填制单位 制单人 复核人
合同（批文）号		运输工具（号）	
缴款期限		提/装货单号	
备注			

72-4

海关代征消费税专用缴款书

收入系统：海关系统填发　　日期××××年12月24日

<table>
<tr><td rowspan="3">收款单位</td><td>收入机关</td><td>中央金库</td><td rowspan="3">缴款单位人</td><td>名称</td><td colspan="3">金华市五湖机械有限公司</td></tr>
<tr><td>科目</td><td></td><td>账号</td><td colspan="3">81451058675081002</td></tr>
<tr><td>收款国库</td><td></td><td>开户银行</td><td colspan="3">工商银行长安里支行</td></tr>
<tr><td colspan="2">税号</td><td>货物名称</td><td>数量</td><td>单位</td><td>完税价格（￥）</td><td>税率(%)</td><td>税款金额(￥)</td></tr>
<tr><td colspan="2">消费税</td><td>排气量2.4小轿车</td><td>1</td><td>辆</td><td>577 545.33</td><td>9%</td><td>51 979.08</td></tr>
<tr><td colspan="6">金额人民币（大写）陆拾贰万玖仟伍佰贰拾肆元肆角壹分</td><td>合计(￥)</td><td>629 524.41</td></tr>
<tr><td colspan="3">申请单位编号</td><td colspan="3">报关单编号</td><td colspan="2" rowspan="4">填制单位
制单人
复核人</td></tr>
<tr><td colspan="3">合同（批文）号</td><td colspan="3">运输工具（号）</td></tr>
<tr><td colspan="3">缴款期限</td><td colspan="3">提/装货单号</td></tr>
<tr><td colspan="3">备注</td><td colspan="3"></td></tr>
</table>

72-5

车辆购置税纳税申报表

填表日期：××××年12月24日　　　　　　行业代码：　　　注册类型代码：
纳税人名称：　　　　　　　　　　　金额　　　　　　　　　　　　单位：元

纳税人证件名称		证件号码		913307101995141601	
联系电话		邮政编码		地址	金华市长安里888号
车辆基本情况					
车辆类别		1.汽车、2.摩托车、3.电车、4.挂车、5.农用运输车			
生产企业名称	现代汽车制造公司	机动车销售统一发票（或有效凭证）价格			
厂牌型号		关税完税价格		420 453.00	
发动机型号		关税		105 113.25	
车辆识别代号（车架号码）		消费税		51 979.08	
购置日期	××××年12月24日	免（减）税条件			
申报计税价格	计税价格	税率	免税、减税额	应纳税额	
1	2	3	4＝2×3	5＝1×3 或 2×3	
	577 545.33	10％		57 754.53	
申报人声明			授权声明		
此纳税申报表是根据《中华人民共和国车辆购置税暂行条例》的规定填报的，我相信他是真实的、可靠的、完整的。 声明人签字：			如果你已委托代理人申报，请填写以下资料： 　　为代理一切税务事宜，现授权（　　　），地址 （　　　）为本纳税人的代理申报人，任何与申报表有关的往来文件，都可寄与此人。 授权人签字：		
纳税人签名或盖章	如委托代理人的，代理人应填写以下各栏				代理人（章）
^	代理人名称				^
^	地址				^
^	经办人				^
^	电话				^
接收人：刘海山				（1） 征税专用章	
接收日期：××××年12月24日				主管税务机关（章）：	

第五章 模拟经济业务会计凭证资料

72-6

国内业务付款回单

客户号：115199886　　　　　　　　　　日期：××××年12月24日
付款人账号：81451058675081002　　　收款人账号：
付款人名称：金华市五湖机械有限公司　收款人名称：国家金库金华市中心支库
付款人开户行：工行长安里支行　　　　收款人开户行：
金额：CNY57 754.53
人民币伍万柒仟柒佰伍拾肆元伍角叁分

业务种类：实时缴税　　业务编号：65243567　　凭证字号：××××122496553567
纳税人识别号：913307101995141601
纳税人全程：金华市五湖机械有限公司
征收机关名称：金华市国家税务局车购税分局
收缴国库（银行）名称：国家金库金华市中心支库
税（费）种名称　　　　所属日期　　　　　　　实缴金额
车辆购置税　　　　　　××××年12月24日　　CNY57 754.53
自助打印，请避免重复
交易机构：27669　　交易渠道：其他　　交易流水号：659832698-235

回单编号：××××1224965423679　　回单验证码：698L6PUTR7NJ　　打印时间：　打印次数：
　　　　　　　　　　　　　　　　　　　　　　　　　　　　　　　金华市长安里支行
打印时间：××××-12-24　12:11:36　　　　　　　　　　　　　　业务专用章
　　　　　　　　　　　　　　　　　　　　　　　　　　　　　　　3YBR2PYA
　　　　　　　　　　　　　　　　　　　　　　　　　　　　　　　KEW9LKHD

（中国工商银行股份有限公司 印章）

72-7

固定资产验收单

NO. 002657

规定资产名称	2.4排量小汽车	验收日期	××××.12.24	使用或保管部门	行政办公室
规格型号	现代	始建日期		建造单位或部门	进口
固定资产编号	050218	竣工日期		原值	635 299.86元
主要技术参数： 略			验收意见： 功能符合要求，验收通过。		

设备科验收：×××　　交验收部门主管：×××　　经办人：李涛

73-1

中国工商银行现金进账单（回单或收账通知）①

××××年12月24日　　　　　　　　　　　　　　　　　第　　号

收款人	全称	金华市五湖机械有限公司	开户银行	工行长安里支行
	账号	81451058372081002	款项来源	超定额现金

人民币（大写）	伍仟元整	十万	万	千	百	十	元	角	分
			¥	5	0	0	0	0	0

票面	张数	十万	万	千	百	十	元	角	分	票面	张数	百	十	元	角	分
壹佰元	45			4	5	0	0	0	0	伍角						
伍拾元	4				2	0	0	0	0	贰角						
贰拾元										壹角						
拾元	12				1	2	0	0	0	伍分						
伍元	36				1	8	0	0	0	贰分						
贰元										壹分						
壹元																

（收款银行盖章）
中国工商银行股份有限公司
金华市长安里支行
业务专用章
3YBR2PYA
KCW9LKHD

收银员　　　　复核员

74-1

现金盘点报告表

××××年12月24日

单位名称：金华市五湖机械有限公司

实存金额	账存金额	盈亏情况		备注
		盘盈数	盘亏数	
4 397.5	4 307.5	90.00		

处理意见：作长款处理

主管：孙立　　　　会计：赵莉　　　　核点：张丽

75-1

中国工商银行
现金支票存根

支票号码：XII 3576805
科目：
对方科目：
签发日期：××××年12月24日

| 收款人：王平 |
| 金额：¥186 000.00 |
| 用途：归还借款 |
| 备注： |

单位主管：　　　　　　　会计：

76-1

中国工商银行银行汇票申请书（存根）　1

申请日期××××年12月24日　　　　　第　号

申请人	金华市五湖机械有限公司	收款人	上海天马有限公司
账号或住址	81451058675081002	账号或住址	20050410
用途	支付购货款	代理付款行	工行长安里支行

汇票金额	人民币（大写）	贰拾陆万元整	千	百	十	万	千	百	十	元	角	分
				¥	2	6	0	0	0	0	0	0

上列款项请从我账户内支付

申请人盖章：金华市五湖机械有限公司财务专用章

科目（借）：

对方科目（贷）：

转账日期：　　年　月　日

复核：　　　　　　　记账：

此联申请人保留

76－2

国内业务付款回单

客户号：115199886　　　　　　　　　　　　　日期：××××年12月24日
付款人账号：81451058675081002
付款人名称：金华市五湖机械有限公司
付款人开户行：工行长安里支行
金额：CNY9.10
人民币玖元壹角整

业务种类：收费　　　　业务编号：65248267
用途：申请汇票手续费
备注：
附言：
自助打印，请避免重复
交易机构：27669　　　交易渠道：网上银行　　　交易流水号：6536325187237　　　经办：

回单编号：××××1224965422668　　回单验证码：677L6PUTR9HG　　打印时间、打印次数：
3YBR2PYA
KEW9LKHD

打印时间：××××-12-24　15:46:55

77－1

工程施工合同

发包方：<u>金华市五湖机械有限公司</u>（以下简称甲方）
承包方：<u>金华市第二建筑公司</u>（以下简称乙方）
根据《中华人民共和国合同法》及其他有关法律、法规规定，结合工程实际情况，就<u>仓库</u>工程施工承包给乙方的有关事宜，经协商一致，签订本合同，以资共同遵守。

第一条　工程概况

1. 工程名称：<u>×××仓库施工工程</u>；工程地点：<u>金华市长安里888号</u>
2. 工程承包方式：<u>总承包</u>；工程范围和内容：<u>仓库</u>

第二条　工程期限

本工程合同总工期为<u>××</u>天，开工日期<u>××××</u>年<u>××</u>月<u>××</u>日，竣工日期<u>××××</u>年<u>××</u>月<u>××</u>日。

第三条　工程合同总价

本工程合同总价为人民币<u>贰拾万元整</u>（<u>¥200 000.00元</u>），工程总价包含乙供材料费、安装费用、材料保管费用、搬运费用、安全保障设施费用、工伤保险费用等，乙方不得要求甲方支付非经甲方认可的其他费用。

第四条　工程质量和检查验收

1. 乙方必须严格按施工图纸、说明文件和国家颁发的有关规范、规程进行施工，并接受甲方代表的监督检查。
2. 乙方应按工程进度，及时向甲方提供关于工程质量的技术资料等。隐蔽工程未经甲方专业人员检查不得隐蔽，否则将承担有关责任。
3. 工程竣工验收，应以施工图纸、图说、技术交底纪要、设计更改通知、国家颁发的施工验收规范和质量检验标准为依据，由双方共同组织有关单位进行竣工验收。
4. 验收中如发现有不符合质量要求，需要返工的工程，由乙方负责修好再进行检验。乙方如不能在安排的期限内整改完成且达到竣工要求时，甲方有权按计划合法使用而不被视为验收通过，乙方须在有限的时间内处理完毕，直至验收合格。竣工日期以最后验收合格的日期为准。

第五条　施工设计变更

甲方根据工程实际情况需要，可以对施工设计进行部分变更，乙方必须遵照执行，因施工设计变更造成的工程量增减，根据实际工程量结算。

第六条　双方负责事项

1. 甲方：合同签订后，向乙方提供有关技术要求和图纸；组织乙方和设计单位参加施工图纸交底，并做好各方共同签署的交底纪要；监督乙方工程进度及质量。
2. 乙方：
(1) 自备工程所需要的加工器械和施工工具，做好材料和设备的检验、管理。
(2) 严格按照施工图与说明书进行施工，确保工程质量，按合同规定的时间如期完工和交付。
(3) 在合同规定的保修期内，对属于乙方负责的工程质量问题，负责无偿修理。
(4) 负责提供现场的二、三级电箱，以满足现场的施工要求，承担施工用电费用。
(5) 负责及时收集、清运现场施工垃圾，并对所属施工区域安排专人进行清扫，确保施工现场整洁。
(6) 负责竣工验收完成交付甲方之前半成品及成品的保护工作。

第八条　安全生产

1. 乙方必须认真贯彻有关安全施工的规章制度,进行安全技术培训,设置安全保障设施,自费办理工伤保险,严格遵守安全操作规程,施工中如发生伤亡事故,其损失由乙方负责。
2. 在施工过程中,造成的火灾事故,由乙方负责。

第九条　工程价款的支付与结算

1. 本工程总价一次包死,不再调整。
2. 施工图中已反映的内容,如属漏报,则认为已包含在其他相关项中,不再增补。

第十条　违约责任与奖励规定

1. 乙方在工程的施工管理中对于材料的使用,应坚持合理用料、节约用料的原则,严禁超标准用料,超标准用料造成甲方的超额支出损失,在工程费用结算时从乙方承包费中扣除。
2. 乙方工程质量不符合合同规定的,负责无偿修理或返工。由于修理返工造成逾期交付的,按合同总价的10%偿付逾期违约金,并赔偿甲方实际损失。
3. 乙方工程交付时间不符合规定,乙方按合同总价的10%偿付逾期违约金。
4. 甲方未能按照合同的规定履行自己应负的责任,除竣工日期得以顺延外,还应赔偿乙方因此发生实际损失。
5. 甲方不能按照合同约定支付承包费用,按照同期银行借款利息支付违约金,甲方无正当理由提前解除合同,应承担合同价款10%的违约金。

第十一条　争议的解决方式

合同执行过程中如发生争议,双方应及时协商解决。协商不成可直接向甲方住所地人民法院起诉。

第十二条　附则

其他本合同未言明事项,一律按《中华人民共和国合同法》和其他相关法律、法规规定执行。
本合同经双方签字或盖章后生效,至合同工程竣工交验,结清工程尾款,保修期满后自然失效。
本合同一式二份,其中甲方、乙方各执一份。

　　附件:《设计图纸及要求》

甲方:金华市五湖机械有限公司　　　　　　　　乙方:金华市第二建筑公司
签约日期:××××年12月25日　　　　　　　　签约日期:××××年12月25日

77-2

浙江省增值税专用发票 No08878769

3301677772

发票联

开票日期：××××年12月25日

检验码 72394 82033 11307 96345

购货单位	名称：金华市五湖机械有限公司 纳税人识别号：913307101995141601 地址、电话：金华市长安里888号 开户行及账号：工行长安里支行81451058675081002	密码区	<6>958317<*4+-5+1327+-7/*64 >2115994831/9258<99/<984396 0302126<0871<9943*/3750<+-7 /*64>2115994831771/*65398>95

货物或应税劳务、服务名称	规格型号	单位	数量	单价	金额	税率	税额
仓库工程款					180 180.18	11%	19 819.82
合计					￥180 180.18	11%	￥19 819.82

价税合计（大写）　贰拾万元整　　　　　　　　　（小写）￥200 000.00

销货单位	名称：金华市第二建筑公司 纳税人识别号：913301474552757787 地址、电话：金华市大观路100号 开户行及账号：工行大观支行81451058677630417	备注	网络发票号为：335376846311 查验比对：您可通过www.zjtax.gov.cn或 纳税服务平台查验比对发票内容和税务局 申报内容是否一致，以免不一致造成的 后果

收款人：　　　复核：　　　开票人：赵伟　　　销货单位（章）

第二联发票联：购货方记账凭证

国税函（××××）××××号

77-3

浙江省增值税专用发票 No08878769

3301677772

抵扣联

开票日期：××××年12月25日

检验码 72394 82033 11307 96345

购货单位	名称：金华市五湖机械有限公司 纳税人识别号：913307101995141601 地址、电话：金华市长安里888号 开户行及账号：工行长安里支行81451058675081002	密码区	<6>958317<*4+-5+1327+-7/*64 >2115994831/9258<99/<984396 0302126<0871<9943*/3750<+-7 /*64>2115994831771/*65398>95

货物或应税劳务、服务名称	规格型号	单位	数量	单价	金额	税率	税额
仓库工程款					180 180.18	11%	19 819.82
合计					￥180 180.18	11%	￥19 819.82

价税合计（大写）　贰拾万元整　　　　　　　　　（小写）￥200 000.00

销货单位	名称：金华市第二建筑公司 纳税人识别号：913301474552757787 地址、电话：金华市大观路100号 开户行及账号：工行大观支行81451058677630417	备注	网络发票号为：335376846311 查验比对：您可通过www.zjtax.gov.cn或 纳税服务平台查验比对发票内容和税务局 申报内容是否一致，以免不一致造成的 后果

收款人：　　　复核：　　　开票人：赵伟　　　销货单位（章）

第一联抵扣联：购货方抵扣凭证

国税函（××××）××××号

77-4

国内业务付款回单

客户号：115199886　　　　　　　　　　　　日期：××××年12月25日
付款人账号：81451058675081002　　　　　收款人账号：81451058677630417
付款人名称：金华市五湖机械有限公司　　　收款人名称：金华市第二建筑公司
付款人开户行：工行长安里支行　　　　　　收款人开户行：工行大观支行
金额：CNY200 000.00
人民币贰拾万元整

业务种类：转账支出　　　业务编号：65243647　　　凭证号码：
用途：支付工程款
备注：
附言：
自助打印，请避免重复
交易机构：27669　　交易渠道：网上银行　　交易流水号：659866327-687　　经办

回单编号：××××122596542247　　回单验证码：687L6PUTR9RT

打印时间：××××-12-25　14:36:10

（中国工商银行股份有限公司 金华市长安里支行 业务专用章 3YBR2PYA KEW9LKHD）

78-1

浙江省增值税专用发票

3301677987　　　　　　　　　　　　　　　　　No 08878789

发票联　　　　　　　　　　　开票日期：××××年12月25日

检验码　72394 82033 11307 96345

购货单位	名称：金华市五湖机械有限公司 纳税人识别号：913307101995141601 地址、电话：金华市长安里888号 开户行及账号：工行长安里支行 81451058675081002	密码区	<6>958317<*4+-5+1327+-7/*64 >2115994831/9258<99/<984396 0302126<0871<9943*/3750<+-7 /*64>2115994831771/*65398>95

货物或应税劳务、服务名称	规格型号	单位	数量	单价	金额	税率	税额
广告费					10 000.00	6%	600.00
合计					￥10 000.00	6%	￥600.00

价税合计（大写）　壹万零陆佰元整　　　　　　　　　　（小写）￥10 600.00

销货单位	名称：金华阳光广告有限公司 纳税人识别号：420563426735637 地址、电话：金华市密云路7号 开户行及账号：工商银行五里支行 42045276341	备注	网络发票号为：335676846311 查验比对：您可通过www.zjtax.gov.cn或 纳税服务平台查验比对发票内容和税务局 申报内容是否一致，以免不一致造成的 后果

收款人：　　　　复核：　　　　开票人：李梅　　　　销货单位（章）

78-2

3301677987

浙江省增值税专用发票

No 08878789

抵扣联

开票日期：××××年12月25日

检验码　72394 82033 11307 96345

购货单位	名称：金华市五湖机械有限公司 纳税人识别号：913307101995141601 地址、电话：金华市长安里888号 开户行及账号：工行长安里支行 81451058675081002	密码区	<6>958317<*4+-5+1327+-7/*64 >2115994831/9258<99/<984396 0302126<0871<9943*/3750<+-7 /*64>2115994831771/*65398>95

货物或应税劳务、服务名称	规格型号	单位	数量	单价	金额	税率	税额
广告费					10 000.00	6%	600.00
合计					￥10 000.00	6%	￥600.00

价税合计（大写）	壹万零陆佰元整	（小写）￥10 600.00

销货单位	名称：金华阳光广告有限公司 纳税人识别号：420563426735637 地址、电话：金华市密云路7号 开户行及账号：工商银行五里支行 42045276341	备注	网络发票号为：335376846311 查验比对：您可通过www.zjtax.gov.cn或 纳税服务平台查验比对发票内容和税务局 申报内容是否一致，以免不一致造成的 后果

收款人：　　　　复核：　　　　开票人：李梅　　　　销货单位章（章）

第一联抵扣联：购货方抵扣凭证

国税函〔××××〕×××号

78-3

中国工商银行
转账支票存根

支票号码：Ⅻ 415147
科目：
对方科目：
签发日期：××××年12月25日

收款人：金华阳光广告有限公司
金额：￥10 600.00
用途：支付广告费
备注：

单位主管：　　　　　　会计：

79-1

固定资产清查报告表

××××年12月25日

名称及规格	计量单位	盘盈 数量	盘盈 重置价值	盘盈 估计已提折旧	盘亏 数量	盘亏 原价	盘亏 已提折旧	损毁 数量	损毁 原价	损毁 已提折旧	原因
生产设备	台							1	24 000	18 400	正常报废
厂房	m²							100	50 000	9 000	自然灾害
合计									74 000	27 400	

保管部门：×××　　　　清查人：×××　　　　制单人：×××

80-1

浙江省增值税普通发票

3307028870　　　　　　　　　　　　　　　　　　　　No 08878868

此联不作报销凭证使用　　开票日期：××××年12月25日

检验码　72394 82033 11307 96358

购货单位	名称：金华废品回收有限公司 纳税人识别号：33015681416396 地址、电话：金华市莘庄路70号　84667679 开户行及账号：建行莘庄支行 3205779069	密码区	<6>958317<*4+-5+1327+-7/*64 >2115994831/9258<99/<984396 0302126<0871<9943*/3750<+-7 /*64>2115994831771/*78779>95

货物或应税劳务、服务名称	规格型号	单位	数量	单价	金额	税率	税额
正常报废机器		千克	200		170.94	17%	29.06
合计					¥170.94	17%	¥29.06

价税合计（大写）　　贰佰元整　　　　　　　　　　　　　（小写）¥200.00

销货单位	名称：金华市五湖机械有限公司 纳税人识别号：913307101995141601 地址、电话：金华市长安里888号 开户行及账号：工行长安里支行 81451058675081002	备注	网络发票号为：335376846256 查验比对：您可通过www.zjtax.gov.cn或 纳税服务平台查验比对发票内容和税务局 申报内容是否一致，以免不一致造成的 后果

收款人：　　　　复核：　　　　开票人：刘浩　　　　销货单位：（章）

80－2

国内业务收款回单

客户号：123199886　　　　　　　　　　日期：××××年12月25日
收款人账号：81451058675081002　　　付款人账号：3205779069
收款人名称：金华市五湖机械有限公司　付款人名称：金华废品回收有限公司
收款人开户行：工行长安里支行　　　　付款人开户行：建行莘庄支行
金额：CNY200.00
人民币贰佰元整

业务种类：银行转账　　业务编号：65255873　　凭证号码：
用途：货款
备注：
附言：
自助打印，请避免重复
交易机构：27669　　交易渠道：网上银行　　交易流水号：612485428-632

回单编号：××××1223266750168　　回单验证码：687L6PUTR9RT　　打印时间：打印次数：

打印时间：××××-12-25　10:50:10

81－1

金华市五湖机械有限公司职工困难补助发放清单
××××年12月25日

姓名	困难补助的主要原因	批准金额	领取人签名
李好	略	500.00	略
		现金付讫 ¥500.00	

人数	1个	领导批示	同意 王平 12.25	合计	人民币（大写）伍佰元整

会计主管：×××　　　　复核：×××　　　　制单：×××

82-1

3301677688

浙江省增值税专用发票

No08870975

发票联

开票日期：××××年12月25日

检验码　72394 82033 11307 96345

购货单位	名称：金华市五湖机械有限公司 纳税人识别号：913307101995141601 地址、电话：金华市长安里888号 开户行及账号：工行长安里支行 81451058675081002	密码区	<6>958317<*4+-5+1327+-7/*64 >2115994831/9258<99/<984396 0302126<0871<9943*/3750<+-7 /*64>2115994831771/*65398>95

货物或应税劳务、服务名称	规格型号	单位	数量	单价	金额	税率	税额
下一年全年报刊费					4 500.00	17%	765.00
合计					￥4 500.00	17%	￥765.00

价税合计（大写）　伍仟贰佰陆拾伍元整　　　　　　　　　　（小写）￥5 265.00

销货单位	名称：金华市邮政局 纳税人识别号：420563426735657 地址、电话：金华市中山北路110号 开户行及账号：工行中山北路支行 42045276356	备注	网络发票号为：335576846311 查验比对：您可通过www.zjtax.gov.cn或 纳税服务平台查验比对发票内容和税务局 申报内容是否一致，以免不一致造成的 后果

收款人：　　　　复核：　　　　开票人：戴俊　　　　销货单位（章）

82-2

3301677688

浙江省增值税专用发票

No08870975

抵扣联

开票日期：××××年12月25日

检验码　72394 82033 11307 96345

购货单位	名称：金华市五湖机械有限公司 纳税人识别号：913307101995141601 地址、电话：金华市长安里888号 开户行及账号：工行长安里支行 81451058675081002	密码区	<6>958317<*4+-5+1327+-7/*64 >2115994831/9258<99/<984396 0302126<0871<9943*/3750<+-7 /*64>2115994831771/*65398>95

货物或应税劳务、服务名称	规格型号	单位	数量	单价	金额	税率	税额
下一年全年报刊费					4 500.00	17%	765.00
合计					￥4 500.00	17%	￥765.00

价税合计（大写）　伍仟贰佰陆拾伍元整　　　　　　　　　　（小写）￥5 265.00

销货单位	名称：金华市邮政局 纳税人识别号：420563426735657 地址、电话：金华市中山北路110号 开户行及账号：工行中山北路支行 42045276356	备注	网络发票号为：335576846311 查验比对：您可通过www.zjtax.gov.cn或 纳税服务平台查验比对发票内容和税务局 申报内容是否一致，以免不一致造成的 后果

收款人：　　　　复核：　　　　开票人：戴俊　　　　销货单位（章）

82-3

中国工商银行
转账支票存根

支票号码：XII 415148
科目：
对方科目：
签发日期：××××年12月25日

| 收款人：金华市邮政局 |
| 金额：¥5 265.00 |
| 用途：支付报刊费 |
| 备注： |

单位主管：　　　　　　会计：

83-1

3301677656　　**浙江省增值税专用发票**　　No08870879

发票联

开票日期：××××年12月25日

检验码　72394 82033 11307 96345

购货单位	名称：金华市五湖机械有限公司 纳税人识别号：913307101995141601 地址、电话：金华市长安里888号 开户行及账号：工行长安里支行 81451058675081002	密码区	<6>958317<*4+-5+1327+-7/*64 >2115994831/9258<99/<984396 0302126<0871<9943*/3750<+-7 /*64>2115994831771/*65398>95

货物或应税劳务、服务名称	规格型号	单位	数量	单价	金额	税率	税额
包装箱		只	60	85	5 100.00	17%	867.00
合计					¥5 100.00	17%	¥867.00

价税合计（大写）　伍仟玖佰陆拾柒元整　　　　　　　　　（小写）¥5 967.00

销货单位	名称：金华联丰建材经营部 纳税人识别号：420563426735637 地址、电话：金华市中山南路118号 开户行及账号：工行中山南路支行 42045276341	备注	网络发票号为：335376846311 查验比对：您可通过www.zjtax.gov.cn或 纳税服务平台查验比对发票内容和税务局 申报内容是否一致，以免不一致造成的 后果

收款人：　　　　　复核：　　　　　开票人：何小明　　　　　销货单位（章）

83-2

3301677656

浙江省增值税专用发票

No 08870879

抵扣联

开票日期：××××年12月25日

检验码　72394 82033 11307 96345

购货单位	名称：金华市五湖机械有限公司 纳税人识别号：913307101995141601 地址、电话：金华市长安里888号 开户行及账号：工行长安里支行 81451058675081002	密码区	<6>958317<*4+-5+1327+-7/*64 >2115994831/9258<99/<984396 0302126<0871<9943*/3750<+-7 /*64>2115994831771/*65398>95

货物或应税劳务、服务名称	规格型号	单位	数量	单价	金额	税率	税额
包装箱		只	60	85	5 100.00	17%	867.00
合计					￥5 100.00	17%	￥867.00

价税合计（大写）	伍仟玖佰陆拾柒元整	（小写）￥5 967.00

销货单位	名称：金华联丰建材经营部 纳税人识别号：420563426735637 地址、电话：金华市中山南路118号 开户行及账号：工行中山南路支行 42045276341	备注	网络发票号为：335876846311 查验比对：您可通过www.zjtax.gov.cn或纳税服务平台查验比对发票内容和税务局申报内容是否一致，以免不一致造成的后果

收款人：　　　复核：　　　开票人：何小明　　　销货单位（章）

国税图（××××）××××号

第一联抵扣联：购货方抵扣凭证

83-3

中国工商银行
转账支票存根

支票号码：XIII 415149

科目：

对方科目：

签发日期：××××年12月26日

收款人：金华联丰建材经营部
金额：￥5 967.00
用途：购入包装箱
备注：

单位主管：　　　会计：

83－4

收 料 单

收料部门：仓库　　　　　××××年12月26日　　　　　收字第　　号

种类	编号	名称	规格	数量	单位	单价	成本总额									
							千	百	十	万	千	百	十	元	角	分
		包装箱		60	只	85.00				5	1	0	0	0	0	0
备注							¥				5	1	0	0	0	0	0

负责人：孙立　　　　　记账：李涛　　　　　验收：张华　　　　　填单：刘为

第三联 财务记账

84－1

浙江省增值税专用发票

3301677656　　　　　　　　　　　　　　　　　　　　　　No08870881

发票联

开票日期：××××年12月25日

检验码　72394 82033 11307 96345

购货单位	名称：金华市五湖机械有限公司	密码区	<6>958317<*4+-5+1327+-7/*64 >2115994831/9258<99/<984396 0302126<0871<9943*/3750<+-7 /*64>2115994831771/*65398>95
	纳税人识别号：913307101995141601		
	地址、电话：金华市长安里888号		
	开户行及账号：工行长安里支行 81451058675081002		

货物或应税劳务、服务名称	规格型号	单位	数量	单价	金额	税率	税额
水泥		吨	18	500	9 000.00	17%	1 530.00
合计					¥9 000.00	17%	¥1 530.00

价税合计（大写）	壹万零伍佰叁拾元整	（小写）¥10 530.00

销货单位	名称：金华联丰建材经营部	备注	网络发票号为：335576846311 查验比对：您可通过www.zjtax.gov.cn或 纳税服务平台查验比对发票内容和税务局 申报内容是否一致，以免不一致造成的 后果
	纳税人识别号：420563426735637		
	地址、电话：金华市中山南路118号		
	开户行及账号：工行中山南路支行 42045276341		

收款人：　　　　　复核：　　　　　开票人：何小明　　　　　销货单位（章）

国税函〔××××〕×××号

第二联 发票联：购货方记账凭证

84－2

3301677656

浙江省增值税专用发票

No 08870881

抵扣联

开票日期：××××年12月25日

检验码　72394 82033 11307 96345

购货单位	名称：金华市五湖机械有限公司 纳税人识别号：913307101995141601 地址、电话：金华市长安里888号 开户行及账号：工行长安里支行 81451058675081002	密码区	<6>958317<*4+-5+1327+-7/*64 >2115994831/9258<99/<984396 0302126<0871<9943*/3750<+-7 /*64>2115994831771/*65398>95
货物或应税劳务、服务名称	规格型号	单位	数量	单价	金额	税率	税额
水泥		吨	18	500	9 000.00	17%	1 530.00
合计					￥9 000.00	17%	￥1 530.00
价税合计（大写）	壹万零伍佰叁拾元整				（小写）￥10 530.00
销货单位	名称：金华联丰建材经营部 纳税人识别号：420563426735637 地址、电话：金华市中山南路118号 开户行及账号：工行中山南路支行 42045276341	备注	网络发票号为：335876846311 查验比对：您可通过www.zjtax.gov.cn或 纳税服务平台查验比对发票内容和税务局 申报内容是否一致，以免不一致造成的 后果

收款人：　　复核：　　开票人：何小明　　销货单位（章）

国税函[××××]××××号

第一联抵扣联：购货方抵扣凭证

84－3

国内业务付款回单

客户号：115199886　　　　　　　　　　日期：××××年12月25日
付款人账号：81451058675081002　　　收款人账号：42045276341
付款人名称：金华市五湖机械有限公司　收款人名称：金华联丰建材经营部
付款人开户行：工行长安里支行　　　　收款人开户行：工行中山南路支行
金额：CNY10 530.00
人民币壹万零伍佰叁拾元整

业务种类：转账支出　　业务编号：65242478　　凭证号码：
用途：购入工程物资
备注：
附言：
自助打印，请避免重复
交易机构：27669　　交易渠道：网上银行　　交易流水号：659234727-608　　经办

回单编号：××××122596542677　　回单验证码：688L6PUTR9RT　　打印时间：打印次数：

打印时间：××××-12-25　11:45:16

中国工商银行股份有限公司
金华市长安里支行
业务专用章
3YBR2PYA
KEW9LKHD

84-4

收 料 单

收料部门：仓库　　　　　　　　　××××年12月26日　　　　　　　　　收字第　　号

种类	编号	名称	规格	数量	单位	单价	成本总额									
							千	百	十	万	千	百	十	元	角	分
		水泥		18	吨	500.00				9	0	0	0	0	0
备注								¥		9	0	0	0	0	0

负责人：孙立　　　　　记账：李涛　　　　　验收：张华　　　　　填单：刘为

85-1

金华市五湖机械有限公司
金华市东风机械厂　　　　**联营投资协议书（代合同）**

……

第四条：

"投出货币资金500 000元，持股比例达到51%。投资期从××××年12月27日起到××××年12月26日止。"

……

甲方(盖章)：　　　　　　　　　　　　　　乙方(盖章)：
法定代表人：李平　　　　　　　　　　　　法定代表人：陈培良
签约地点：金华市长安里888号　　　　　　日期：××××年12月26日

85－2

中国工商银行
转账支票存根

支票号码：Ⅻ 415151
科目：
对方科目：
签发日期：××××年12月26日

| 收款人：金华市东风机械厂 |
| 金额：¥500 000.00 |
| 用途：支付投资款 |
| 备注： |

单位主管：　　　　　　　　会计：

86－1

3301987256

浙江省增值税专用发票

No08870781

发票联

开票日期：××××年12月29日

检验码　72394 82033 11307 96345

| 购货单位 | 名称：金华市五湖机械有限公司
纳税人识别号：913307101995141601
地址、电话：金华市长安里888号
开户行及账号：工行长安里支行 81451058675081002 | 密码区 | ＜6＞958317＜*4+-5+1327+-7/*64
＞2115994831/9258＜99/＜984396
0302126＜0871＜9943*/3750＜+-7
/*64＞2115994831771/*65398＞95 |

货物或应税劳务、服务名称	规格型号	单位	数量	单价	金额	税率	税额
办公楼维修费					12 612.61	11%	1 387.39
合计					¥12 612.61	11%	¥1 387.39

价税合计（大写）　壹万肆仟元整　　　　　　　　　　（小写）¥14 000.00

| 销货单位 | 名称：金华市建筑安装工程有限公司
纳税人识别号：130602700920895
地址、电话：金华市中山北路118号
开户行及账号：工行中山北路支行 420452798671 | 备注 | 网络发票号为：335576846311
查验比对：您可通过www.zjtax.gov.cn或
纳税服务平台查验比对发票内容和税务局
申报内容是否一致，以免不一致造成的
后果 |

收款人：　　　　　复核：　　　　　开票人：何楠　　　　　销货单位（章）

第五章 模拟经济业务会计凭证资料

86－2

3301987256

浙江省增值税专用发票

No 08870781

抵扣联

开票日期：××××年12月29日

检验码 72394 82033 11307 96345

购货单位	名称：金华市五湖机械有限公司 纳税人识别号：913307101995141601 地址、电话：金华市长安里888号 开户行及账号：工行长安里支行 81451058675081002	密码区	<6>958317<*4+-5+1327+-7/*64 >2115994831/9258<99/<984396 0302126<0871<9943*/3750<+-7 /*64>2115994831771/*65398>95

货物或应税劳务、服务名称	规格型号	单位	数量	单价	金额	税率	税额
办公楼维修费					12 612.61	11%	1 387.39
合计					￥12 612.61	11%	￥1 387.39

价税合计（大写）	壹万肆仟元整	（小写）￥14 000.00

销货单位	名称：金华市建筑安装工程有限公司 纳税人识别号：130602700920895 地址、电话：金华市中山北路118号 开户行及账号：工行中山北路支行 420452798671	备注	网络发票号为：335876846311 查验比对：您可通过 www.zjtax.gov.cn 或 纳税服务平台查验比对发票内容和税务局 申报内容是否一致，以免不一致造成的 后果

收款人： 复核： 开票人：何楠 销货单位（章）

87－1

国内业务付款回单

客户号：115199886　　　　　　　　　　　　　　日期：××××年12月29日
付款人账号：81451058675081002
付款人名称：金华市五湖机械有限公司
付款人开户行：工行长安里支行
金额：CNY7 800.00
人民币柒仟捌佰元整

业务种类：收费　　业务编号：65318994　　凭证号码：
用途：新技术研究阶段专项贷款利息
附言：
自助打印，请避免重复
交易机构：27629　　交易渠道：网上银行　　交易流水号：671236798－889　　经办

回单编号：××××1209965617668　　回单验证码：687L6PUTR9KT

打印时间：12:20:46　　打印次数：

88 - 1

国内业务收款回单

客户号：115199886　　　　　　　　　　　　日期：××××年12月29日
收款人账号：81451058675081002
收款人名称：金华市五湖机械有限公司
收款人开户行：工行长安里支行
金额：CNY265.00
人民币贰佰陆拾伍元整

业务种类：付费　　　业务编号：65271994　　　凭证号码：
用途：存款利息
备注：
附言：
自助打印，请避免重复
交易机构：27669　　　交易渠道：网上银行　　　交易流水号：659844198-889　　经办

回单编号：××××1209965441168　　　回单验证码：687L6PUTR9RT　　　打印时间：打印次数：

打印时间：××××-12-29　15:20:46

89 - 1

房产税计算表

××××年12月31日

项目	房产原值	房产余值	年税率	应缴交税额
生产用房	120 000.00	84 000.00	1.2%	1 008.00
非生产用房	80 000.00	56 000.00		672.00
合计	200 000.00	140 000.00	—	1 680.00

审核：孙立　　　记账：　　　制表：吴江

90 - 1

城镇土地使用税计算表

××××年12月31日

土地面积（平方米）	定额税率	年税额（元）
2 800	8元/平方米	22 400.00
合计		22 400.00

审核：孙立　　　记账：　　　制表：吴江

91 - 1

国内业务收款回单

客户号：123199886　　　　　　　　　　　日期：××××年12月31日
收款人账号：81451058675081002　　　　　付款人账号：32022598007773
收款人名称：金华市五湖机械有限公司　　　付款人名称：金华永信有限责任公司
收款人开户行：工行长安里支行　　　　　　付款人开户行：建行新华支行
金额：CNY359 520.00
人民币叁拾伍万玖仟伍佰贰拾元整

业务种类：银行转账　　　业务编号：65785873　　　凭证号码：
用途：货款
备注：已扣减现金折扣
附言：
自助打印，请避免重复
交易机构：27669　　　交易渠道：网上银行　　　交易流水号：612481428-682　　　经办

回单编号：××××1223566620168　　　回单验证码：687L6PUTR9KT　　　打印时间：打印次数：

打印时间：××××-12-31　10:50:10

---

92 - 1

外购水费分配表

××××年12月31日

应借科目＼项目	耗用量（立方）	分配率	金额	共同耗用分配 分配标准（生产工人工资）	分配率	金额
制造费用	1 610			×	×	×
管理费用	640			×	×	×
研发支出	100			×	×	×
销售费用	330			×	×	×
合计	2 680			×	×	×

审核：孙立　　　　　记账：　　　　　制表：吴江

93－1

外购电费分配表

××××年12月31日

项目 应借科目	耗用量（度）	分配率	金额	共同耗用分配		
^	^	^	^	分配标准 （生产工人工资）	分配率	金额
制造费用	9 130			×	×	×
管理费用	1 210			×	×	×
研发支出	500			×	×	×
销售费用	580			×	×	×
合计	11 420			×	×	×

审核：孙立　　　　　　记账：　　　　　　制表：吴江

94－1

固定资产折旧计算表

××××年12月31日

使用单位	固定资产类别	月初应计提 固定资产原值	月折旧率（％）	月折旧额
基本生产车间	机器设备	860 000	0.83％	
^	房屋及建筑物	1 000 000	0.21％	
^	小计	1 860 000		
公司管理部门	运输设备（自用）	280 000	0.83％	
^	运输设备（出租）	200 000	0.83％	
^	办公设备	50 000	0.83％	
^	房屋及建筑物	800 000	0.21％	
^	小计	1 330 000		
销售机构	房屋及建筑物	200 000	0.21％	
^	办公设备	10 000	0.83％	
^	小计	210 000		
合计		3 400 000		

审核：孙立　　　　　　　　　　　制表：李涛

95－1

无形资产——土地摊销计算表

××××年12月31日

无形资产原值	摊销年限	月摊销金额

审核：孙立　　　　　　　　　　　制表：李涛

96-1

金华市五湖机械有限公司工资结算表

××××年12月31日

编号	姓名	部门	基本工资	津贴	奖金	缺勤应扣 事假	缺勤应扣 迟到早退	应付工资	代扣款项 代扣税款	代扣款项 代扣社保	实发工资
101	王政	行政	5 000	1 000	500	0	0	6 500	140	550	5 810
102	张芳	行政	2 720	500	200	0	0	3 420	0	299.2	3 120.8
…		行政	…	…	…	…	…			…	
小计			33 500	33 500	3 000	0	0	38 500	850	3 685	33 965
201	李忆欣	人资	3 100	600	300	0	0	4 000	4.77	341	3 654.23
202	胡和平	人资	2 850	300	200	0	0	3 350	0	313.5	3 036.5
…		人资	…	…	…					…	
小计			9 500	9 500	1 400	0	0	11 600	10.25	1 045	10 544.75
301	孙立	财务	3 700	700	400	0	0	4 800	26.79	407	4 366.21
302	吴静	财务	2 800	200	200	0	0	3 200	0	308	2 892
…		财务	…	…	…	…			…		…
小计			11 000	1 900	800	0	0	13 700	40	1 210	12 450
401	黄百丽	销售	4 450	900	400	0	0	5 750	71.05	489.5	5 189.45
402	余海	销售	2 700	500	200	0	20	3 380	0	297	3 083
…		销售	…	…	…	…				…	
小计			20 000	20 000	1 900	0	20	23 680	190	2 200	21 290
501	马莉	研发	3 200	210	1 700	0	0	5 110	37.74	352	4 720.26
502	向伟	研发	2 800	180	1 700	0	0	4 680	26.16	308	4 345.84
小计			6 000	6 000	390	0	0	9 790	63.9	660	9 066.1
601	林冰	车间	3 600	700	400	0	0	4 700	24.12	396	4 279.88
602	李好	车间	2 200	500	200	110	0	2 790	0	242	2 548
…		车间	…	…	…	…				…	
小计			374 700	374 700	3 500	500	0	404 900	1 650	41 217	362 033
合计			454 700	454 700	12 040	500	20	502 170	2 804.15	50 017	449 343.85

批准：王振　　　　　审核：孙立　　　　　部门负责人：孙立　　　　　制表：张晶

96-2

金华市五湖机械有限公司工资结算汇总表

××××年12月31日

编号	部门	基本工资	津贴	奖金	缺勤应扣 事假	缺勤应扣 迟到早退	应付工资	代扣款项 代扣个税	代扣款项 代扣社保	实发工资
1	行政办公室	33 500	3 000	2 000	0	0	38 500	850	3 685	33 965
2	人力资源部	9 500	1 400	700	0	0	11 600	10.25	1 045	10 544.75
3	财务部	11 000	1 900	800	0	0	13 700	40	1 210	12 450
4	销售机构	20 000	1 900	1 800	0	20	23 680	190	2 200	21 290
5	研发中心	6 000	390	1 300	0	0	9 790	63.9	660	9 066.1
6	产品生产工人	365 700	2 800	25 000	500	0	393 000	1 170	40 227	351 603
7	车间管理人员	9 000	700	2 200	0	0	11 900	480	990	10 430
	合计	454 700	12 040	33 800	500	20	502 170	2 804.15	50 017	449 343.85

审核：孙立　　　　　　　　　部门负责人：孙立　　　　　　　　　制表：张晶

96-3

工资费用分配表

××××年12月31日

应借科目		项目	共同耗用分配表 分配标准（产品生产工时） 配件生产	共同耗用分配表 分配标准（产品生产工时） 装配	分配率	金额
生产成本	基本生产成本	甲产品	5 200 小时	2 000 小时		
		乙产品	6 800 小时	2 000 小时		
		小计	12 000 小时	4 000 小时		
制造费用			×	×	×	
管理费用			×	×	×	
研发支出			×	×	×	
销售费用			×	×	×	
合计			×	×	×	

审核：孙立　　　　　　　　　　　　　　　　　　制表：吴江

97-1

社会保险费、工会经费计提分配表

××××年12月31日

应借科目	项目	工资总额	社会保险费			工会经费		
			计提基数	比例	金额	计提基数	比例	金额
生产成本	甲产品							
	乙产品							
	小计							
制造费用								
管理费用								
研发支出								
销售费用								
合计			—	—		—	—	

审核：孙立　　　　　　　　　　　　　　　制表：吴江

98-1

研发支出——费用化支出计算表

××××年12月31日

序号	项目	金额
1	11月份月末余额	
2	本月发生额	
3	月末应结转金额 3＝1＋2	

审核：孙立　　　　　　　　　　　　　　　制单：吴江

99-1

交易性金融资产年末公允价值

××××年12月31日

序号	资产项目	收盘价
1	紫光股份(310077)	8.00
2	大华股份(680088)	11.20
3	02国债(10)	1 080.00

100-1

坏账准备计提明细表

×××× 年 12 月 31 日

项目	金额	计提比率	坏账准备账户年末余额	计提前坏账准备账户余额		应计提或冲销的金额	
				借方	贷方	计提金额	冲销金额
应收账款账户期末余额							
其他应收款账户期末余额							
合计		10%					

审核：孙立　　　　　　　　　　　　　　　　　　　　制单：吴江

101-1

产品质量保证费用计算表

×××× 年 12 月 31 日

产品销售收入	计提比例	计提金额
	0.5%	

审核：孙立　　　　　　　　　　　　　　　　　　　　制单：吴江

102-1

发出材料汇总表

×××× 年 12 月 31 日　　　　　　　　　　　　　　　　　　　　单位：吨

借方科目		A材料		B材料		C材料		D材料		金额合计
总账	明细账	数量	金额	数量	金额	数量	金额	数量	金额	
生产成本	甲产品									
	乙产品									
制造费用										
管理费用										
销售费用										
其他业务成本										
合计										

审核：孙立　　　　　　　　　　　　　　　　　　　　制单：吴江

103－1

制造费用分配表
×××× 年 12 月 31 日

分配对象 \ 项目	生产工时（实际） 配件生产	生产工时（实际） 装配	分配率	应分配费用
甲产品	5 200 小时	2 000 小时		
乙产品	6 800 小时	2 000 小时		
合计	12 000 小时	4 000 小时		

审核：孙立　　　　　　　　　　　　　　　制单：吴江

104－1

月末在产品成本计算表
×××× 年 12 月 31 日　　　　　　　　　　　　　　　单位：台

项目	甲产品 在产品数量	甲产品 完工程度	甲产品 约当产量	乙产品 在产品数量	乙产品 完工程度	乙产品 约当产量
生产车间	30	80％		25	60％	
合计	30	80％		25	60％	

主管：孙立　　　　　　　复核：孙立　　　　　　　制表：吴江

104－2

产品成本计算表

车间名称：
成品名称：甲产品　　　　×××× 年 12 月 31 日　　　　完工产量：140
单位：元　　　　　　　　　　　　　　　　　　　　　　在产品数量：30

项目	直接材料	直接人工	制造费用	合计
期初在产品成本	213 306.10	76 180.75	15 236.15	304 723
本期生产成本				
合计				
完工产品成本				
单位产品成本				
月末在产品成本				

主管：孙立　　　　　　　复核：孙立　　　　　　　制表：吴江

104－3

产品成本计算表

××××年12月31日

车间名称：
成品名称：乙产品
单位：元

完工产量：100
在产品数量：25

项目	直接材料	直接人工	制造费用	合计
期初在产品成本	206 693.9	73 819.25	14 763.85	295 277
本期生产成本				
合计				
完工产品成本				
单位产品成本				
月末在产品成本				

主管：孙立　　　　　　　复核：孙立　　　　　　　制表：吴江

104－4

完工产品成本汇总表

××××年12月31日

产品名称＼项目	直接材料	直接人工	制造费用	完工产品总成本	完工产品产量	单位成本
甲产品						
乙产品						
合计						

审核：孙立　　　　　　　记账：孙立　　　　　　　制单：吴江

105－1

产品销售成本计算表

××××年12月31日

产品名称	期初库存 数量	期初库存 金额	本期入库 数量	本期入库 金额	合计 数量	合计 单位成本	合计 金额	本期销售 数量	本期销售 金额
甲产品									
乙产品									
合计									

审核：孙立　　　　　　　记账：孙立　　　　　　　制单：吴江

106 - 1

出 库 单

发货仓库：仓库 第 号
提货单位：陕西省×××中心小学　　××××年12月31日

类别	编号	名称型号	单位	应发数量	实发数量	单位成本	金额
产品		甲产品	台	5	5		
		合计					

负责人：　　　　经发：　　　　保管：黄改云　　　　填单：

第三联财务记账

106-2

捐赠协议书

甲方(捐赠人)：金华市五湖机械有限公司
乙方(受赠人)：陕西省×××中心小学
　　为增进公共卫生事业的发展，共同为构建和谐社会做出贡献。根据《中华人民共和国公益事业捐赠法》、《基金会管理条例》、《中华人民共和国合同法》等法律法规，经甲乙双方平等协商，达成如下协议：
　　第一条　甲方自愿将下述第__2__项之财产(以下简称"捐赠财产")无偿捐赠乙方，乙方同意接受下述捐赠财产。
　　1. 现金：(人民币/其他)(大写) _____。
　　2. 动产：(名称、数量、质量、价值)甲产品5台。
　　3. 不动产：(该不动产所处的详细位置、状况及所有权证明) _____。
　　第二条　甲方保证捐赠财产系其所有之合法财产，且有权捐赠乙方，并保证所捐赠财产无权利和质量瑕疵。
　　第三条　捐赠财产用途(是/否具体指定)：所赠甲产品用于学校教学和孩子学习、练习使用。
　　第四条　甲方应按下述时间、地点及方式向乙方交付捐赠财产：
　　1. 交付时间：××××年12月31日。
　　2. 交付方式：现场捐赠方式。
　　第五条　捐赠财产的所有权因捐赠交付而转移乙方，依法需要办理登记等手续的，甲乙双方按共同办理相关手续。
　　第六条　乙方收到甲方捐赠财产后，应出具合法、有效的财务接收凭证，并登记造册，妥善管理和使用。
　　第七条　甲方有权向乙方查询捐赠财产的使用、管理情况，并提出意见和建议。对于甲方的查询，乙方应在十个工作日内如实按照约定方式给予答复。
　　第八条　本协议成立后，捐赠财产交付前，因故致使捐赠财产毁损、灭失的，甲方承担相关责任。
　　第九条　因捐赠财产权利瑕疵而致第三方向乙方追索，或因捐赠财产质量瑕疵使乙方或受益人人身或财产遭受损失的，甲方应赔偿因此造成的全部直接及间接损失。
　　第十条　乙方应按照本协议约定用途使用捐赠财产，确需改变用途的，应商甲方书面同意。对不易储存、运输和超过实际需要的非货币性捐赠财产，乙方有权直接依法变现，所得价款用于捐赠目的。
　　第十一条　本协议经甲乙双方法定代表人或授权代表签章之日起生效。本捐赠为公益行为，协议成立后，不能撤销，受法律保护。
　　第十二条　本协议在履行过程中发生的争议，由双方协商解决；协商不成的，任意一方有权向乙方住所地人民法院起诉。
　　第十三条　其他约定事项：甲方只一次性提供5台甲产品，不负责其今后的维护和保养。
　　第十四条　本协议一式两份，双方各执壹份，具同等法律效力。

甲方(签名/盖章)：金华市五湖机械有限公司
住所：
法定代表人/授权签约代表：王平
联系电话：0579-88556699
签订地点：×××

乙方(盖章)：陕西省×××中心小学
住所：
法定代表人/授权签约代表：×××
联系电话：××××××××
签订时间：××××年12月31日

107－1

应缴增值税计算表

×××× 年 12 月 31 日

项目	金额	备注
销项税额		
加：进项税额转出		
出口退税		
减：进项税额		
已交税款		
减免税款		
出口抵减内销产品应纳税额		
应交增值税		

审核：孙立　　　　　　　　　　　　　　　制表：韩江

编者注：增值税专用发票抵扣联已经过认证。

108－1

应缴城市维护建设税及教育费附加计算表

×××× 年 12 月 31 日

项目	计提基数			比例	计提金额
	应交增值税	消费税	合计		列入税金及附加
城市维护建设税				7％	
教育费附加				3％	
地方教育费附加				2％	
合计					

审核：孙立　　　　　　　　　　　　　　　制表：韩江

109 - 1

企业所得税计算表

××××年12月31日

序号	项目	金额
1	年应纳税所得额	
2	适用税率	
3	年应纳所得税额 3＝1×2	
4	减免、抵免所得税额	
5	已预缴所得税额	
6	应补(退)所得税额 6＝3－4－5	

审核：孙立　　　　　　　　　　　　　　　　制表：韩江

110 - 1

损益类账户结转计算表

××××年12月31日

账户名称	结转前余额 借方	结转前余额 贷方	转入本年利润 借方	转入本年利润 贷方
主营业务收入				
其他业务收入				
主营业务成本				
其他业务成本				
营业税金及附加				
销售费用				
管理费用				
财务费用				
资产减值受损				
公允价值变动损益				
投资收益				
营业外收入				
营业外支出				
所得税费用				

审核：孙立　　　　　　　　　　　　　　　　制表：张琴
编者注：按规定结转本年利润。

111-1

利润分配计算表

×××× 年 12 月 31 日　　　　　　　　　　　　　　　　　　单位：元

项目	行次	金额
净利润		
减：弥补企业以前年度亏损		
提取法定盈余公积		
提取任意盈余公积		
加：年初未分配利润		
盈余公积补亏		
可供投资者分配的利润		
应付给投资者的利润		

财务主管：孙立　　　　　　　　　审核：孙立　　　　　　　　　制表：韩江
编者注：按规定结转未分配利润

二、实训任务

1. 对有关业务进行账务处理并编制记账凭证。
2. 建立涉税账户明细分类账并登记明细分类账。
3. 填制本期发生额的科目汇总表。
4. 编制××××年度资产负债表和利润表。
5. 填制××××年12月份企业所得税月度预缴纳税申报表（A类）。

资产负债表

编制单位：　　　　　　　　　　　　××××年12月31日　　　　　　　　　　　　单位：元

资产	年初余额（略）	期末余额	负债和所有者权益（或股东权益）	年初余额（略）	期末余额
流动资产			流动负债		
货币资金			短期借款		
交易性金融资产			交易性金融负债		
应收票据			应付票据		
应收账款			应付账款		
预付款项			预收款项		
应收利息			应付职工薪酬		
应收股利			应交税费		
其他应收款			应付利息		
存货			应付股利		
持有待售资产			其他应付款		
一年内到期的非流动资产			持有待售负债		
其他流动资产			一年内到期的非流动负债		
流动资产合计			其他流动负债		
非流动资产			流动负债合计		
可供出售金融资产			非流动负债		
持有至到期投资			长期借款		
长期应收款			应付债券		
长期股权投资			长期应付款		
投资性房地产			专项应付款		
固定资产			预计负债		
在建工程			递延收益		
工程物资			递延所得税负债		
固定资产清理			其他非流动负债		
生产性生物资产			非流动负债合计		
油气资产			负债合计		
无形资产			所有者权益(或股东权益)		
开发支出			实收资本(或股本)		
商誉			资本公积		
长期待摊费用			减：库存股		
递延所得税资产			其他综合收益		
其他非流动资产			盈余公积		
非流动资产合计			未分配利润		
			所有者权益(或股东权益)合计		
资产总计			负债和所有者权益(或股东权益)总计		

企业负责人：　　　　主管会计：　　　　制表：　　　　报出日期：××××年　月　日

利润表

编制单位： ××××年度 单位：元

项目	本期金额	上期金额
一、营业收入		
减：营业成本		
营业税金及附加		
销售费用		
管理费用		
财务费用		
资产减值损失		
加：公允价值变动收益（损失以"－"号填列）		
资产处置收益（损失以"－"号填列）		
投资收益（损失以"－"号填列）		
其中：对联营企业和合营企业的投资收益		
其他收益		
二、营业利润（亏损以"－"号填列）		
加：营业外收入		
减：营业外支出		
三、利润总额（亏损总额以"－"号填列）		
减：所得税费用		
四、净利润（净亏损以"－"号填列）		
（一）持续经营净利润（净亏损以"－"号填列）		
（二）终止经营净利润（净亏损以"－"号填列）		
五、其他综合收益		
……		
六、综合收益总额		
七、每股收益		
（一）基本每股收益		
（二）稀释每股收益		

企业负责人： 主管会计： 制表： 报出日期：××××年 月 日

企业所得税月(季)度预缴纳税申报表(A类)

税款所属期间： 年 月 日至 年 月 日

纳税人识别号：□□□□□□□□□□□□□□□
纳税人名称：

金额单位：人民币元(列至角分)

行次	项目	本期金额	累计金额
	一、按照实际利润额预缴		
1	营业收入		
2	营业成本		
3	利润总额		
4	利润总额		
5	加：特定业务计算的应纳税所得额		
6	减：不征税收入和税基减免应纳税所得额(请填附表1)		
7	固定资产加速折旧(扣除)调减额(请填附表2)		
8	弥补以前年度亏损		
9	实际利润额(4行+5行-6行-7行-8行)		
10	税率(25%)		
11	应纳所得税额(9行×10行)		
12	减：减免所得税额(请填附表3)		
13	实际已预缴所得税额	—	
14	特定业务预缴(征)所得税额		
15	应补(退)所得税额(11行-12行-13行-14行)	—	
16	减：以前年度多缴在本期抵缴所得税额		
17	本月(季)实际应补(退)所得税额	—	
	二、按照上一纳税年度应纳税所得额平均额预缴		
18			
19	上一纳税年度应纳税所得额	—	
20	本月(季)应纳税所得额(19行×1/4或1/12)		
21	税率(25%)		
22	本月(季)应纳所得税额(20行×21行)		
23	减：减免所得税额(请填附表3)		
24	本月(季)实际应纳所得税额(22行-23行)		
25	三、按照税务机关确定的其他方法预缴		
26	本月(季)税务机关确定的预缴所得税额		

是否属于小型微利企业：是□　　　否□

谨声明：此纳税申报表是根据《中华人民共和国企业所得税法》、《中华人民共和国企业所得税法实施条例》和国家有关税收规定填报的，是真实的、可靠的、完整的。

法定代表人(签字)：　　　　　　　　　　　　　　　年　月　日

纳税人公章： 会计主管： 填表日期：　年　月　日	代理申报中介机构公章： 经办人： 经办人执业证件号码： 代理申报日期：　年　月　日	主管税务机关受理专用章： 受理人： 受理日期：　年　月　日